說自己的故事
決定自己的樣子

厭世者
求生指南

我們終將
在
不同的路上

不再強求
誰
的目光

李豪

推薦文

在亂世感襲來之際

作家／凌性傑

一直很喜歡李豪的詩，因為其中有無比真誠的覺知體驗。那些看似憂傷絕望的句子裡，有著晶瑩剔透的微光，帶來一絲絲溫暖。

讀了《厭世者求生指南》才知道，詩人最好的自處方式，無非弄清楚這些事：「我是誰？」、「我從哪裡來？」、「又要往哪裡去？」存在主義總愛說，人被造物者拋擲於這個世界，其中的生滅何其憂傷。

對此，李豪有一層積極的翻轉詮釋：「像我這樣沒有信仰、總是懷疑一切正確性的人而言，卻是再好不過。代表我們毫無包袱……必須依靠自己判斷想要成為怎樣的人。」

於是，「厭世者」這枚標籤僅僅是標籤而已，自己的樣子只有自己知道，該怎麼生存也向來是自己說了算。

「求生指南」或許才是李豪最珍貴的心事，也正是這本書閃閃發亮的地方。成長的艱難、家庭的變故、愛情的幻滅、職場的困頓……這些生而為人必須承受的境遇，李豪不避諱也不遮掩，一邊勾勒問題，一邊分享最私密的解方。

害怕跟自己相處、沒勇氣做自己、總是徬徨歧路的人，尤其適合讀《厭世者求生指南》。世上苦人多，但苦的不只自己一個。痛苦的時候，最是需要思想的洗刷，用一念之轉來化解糾結。糾結太多，只會放大痛苦，無益於解決痛苦。

從厭世到追求幸福，正是一念之轉的結果。我很贊同李豪說的：「人生最大的幸福在於和對的人分享自己的美麗與哀愁，分享才能使幸福成真。」感謝李豪在這本書裡的分享，那是在亂世感襲來之際，最能觸動內心的人生幸福論。

推薦文

當整個世界都厭世，我們還能與自己相伴

日本文化誌《秋刀魚》總編輯／陳頤華

從類比世界走向網路世代，當年七年級末段班、九〇前的這群人，如今也來到三字頭，經歷漫畫從單行本轉為電子閱讀，音樂從卡帶換成線上串流，談戀愛從即時通變為交友軟體。看似如魚得水的「進化」，卻也成為喧囂世界中，最寂寞的痛點。

如果說李豪的詩句是以靈魂書寫寂寞，很慶幸，我們能在《厭

世者求生指南》中開始正視寂寞。走過愛情傷痛、面對職場挫敗、逃離該死的人生選擇，我們終於回到自己。不需要另一本心靈雞湯，而是直視那即將乾枯的軀殼，在失眠中重新定義自我，在固執性格中與過去和解，在放逐裡看見成長背景如何形塑我們。世人都害怕承認厭世、邊緣與無能為力，但承認不是反省，而是接受不用追夢的平凡，重啟做為關注自己的歸屬。

在迷航人生中，沒有點痛楚，能否成為一個完整的人？這世代的存在主義，是否因為他人而活有了新定義？或許就像在〈曾經我想要成為最出眾的人〉所言：「有一天再也寫不出來，或者我的文字再也沒人讀了，我還會是我自己。」

誠摯盼望，每個你都能在無人注目時找到安身之處，全然地做自己，為愛而畫，為快樂而歌，為自己而寫。

我與李豪的認識早在日本街拍雜誌時期，雖然這段工作成了他的低谷，卻也化為滋養小王子玫瑰花的土壤。或許三十不一定而立的我們，還是可以在逐漸淡去的赤子之心中，找到一點有勇氣的共鳴。翻閱本書，替自己包紮傷口前，先對自己說，「沒有這些標籤，你也可以是一個很好的人。」

這句，是李豪的告解，也是我們給自己的救贖。

推薦文

厭世與求生之間的張力裡，藏著什麼？

臨床心理師／蘇益賢

某段時期，我在演講結束時，都會請觀眾填寫一份不具名問卷。上頭問著，你心中最快樂的事，是什麼？

整年下來，上百份回應包含和家人在一起、吃大餐、放長假等，所有你能想像得到的答案，都有人提過。

後來，我把這些答案拿去做「文字雲」分析，結果跑出了大大的

三個字：做自己。（按：文字雲分析後，出現的最大字，是指被最多人提到的字）

顯然對許多人而言，「做自己」是最快樂的事。只是我們都知道這並不容易。各種社會束縛與框架限制，我們都不陌生。但當中我覺得最難的關鍵，其實源自於做自己的起點：你想做的，是怎樣的自己？

書裡三個讓人屏息地提問：「你是誰？」、「你從哪裡來？」、「你要往哪裡去？」其實這些問題，正隱約地呼應著那最難的關鍵。容我再問你一次：你想做的，是怎樣的自己？

而本書正是作者李豪在不斷探問自己這些命題時，當前的暫時性答案。

本書談「厭世」，也談「求生」。困在這二元之間，時常弄得我們不太舒服。但或許，在這看似對立的張力之中，很可能藏著許多線索，將告訴我們剛剛那些命題的可能答案。

讀過本書，或許未必能立刻不厭世。但你會發現，原來在做自己、探究生命意義的路上，必然有痛苦的成分，每個人都一樣；而這苦，時常會以厭世的狀態包裹著。

我們能否看清楚「厭世背後」的訊息，而不困在「厭世狀態」本身，似乎決定了我們能否跳脫厭世，甚至善用厭世，來回答某些生命裡重要的提問。

願我們都能在這張力之中，看到更多可能性。

自序

一切都從那些睡不著的夜晚開始……

不知道有過多少個相似的時刻，靠在頂樓圍牆邊，居高臨下看整座城市沉睡的樣子。夜色將我隱去，彷彿我是這黑暗的一部分，沒有人會注意到我，我也沒有人能夠注視。不只是空間上的寂靜，連聲音也是，一切彷彿都在這個時刻凝結，除了辛勤的交通號誌，還在為沒有人通行的路口變換燈號。

雖然紅燈綠燈在此刻看似毫無作用，倒卻提醒了我時間是流動的，意義就發生在這個它不知道的小角落裡。其實我也不是失眠，不想入睡的成分居多，那種倔，彷彿在抵抗著心裡似乎還有個沒被滿足的缺，如果現在就寢，那一天就真的過完了，而我又浪費了。

理性上都明白再耗下去也不會有結果，不如早睡早起，好好規劃善用自己的時間，但在我的歷史裡卻還是一再重蹈覆轍，若是痛苦的根源沒有止息，再多正向的念頭都只是一閃而過的流星。也許我始終沒有想通，自己為什麼又過了這一天，而明天又有什麼值得過的？

沒有不知足，也並非經歷什麼一蹶不振的挫折，更沒有遭遇任何無法挽回的劫難，只不過生活裡總會走過幾個坎、吃過一些苦，可是我不知道，也許是我對自己所知甚少，為何光是活在這世上就費盡力氣了？也許那些痛苦的根源就連本人也沒有覺察。

做人不難，難的是做自己想要成為的人；活著不難，難的是說服自己這樣也算活著。說不定厭世者沒有不喜歡這個世界，只是因為太努力了，努力到不知道該怎麼辦才能夠變好。

一個幽靈，一個虛無主義的幽靈，在黑夜遊蕩。

十四歲時面臨人生第一個升學關卡，年少的我初次面對如此緊繃的壓力，彷彿反覆訓誡著失敗的代價，每每想起過完這關還有下一關，讀書考試升學後又是讀書考試升學，遂開始對人生提出了第一個質疑，我們是否都必須照著寫定的劇本走？當時寫了一首青澀的新詩，把生命比擬成列車，我們都在一趟明知會有終點卻不知何時抵達的旅程上，卻定然得轉乘一班又一班的車次，再與片刻的緣分失之交臂。

旅途尚未結束，早已經下了車，當初那個少年應該從未想過，比起不斷轉乘的過程，離站後面對茫無涯際的前方，那才是人生裡最令人惘然的風景。

從那時對自我存在的詰問，之後又過了雙倍的生命，至今依然恍惚、依然疏離，時時還是覺得人生沒有什麼意義。倒也不是從此消極面對，我試著從許多書中找尋答案，想以他山之石在一片漆黑中點燃火花，結果發現人生還真的沒有什麼意義，但說的是一種類似使命或來世的客觀意義。

有信仰的人或許會反對這樣的結論，對我來說卻倒像放下了一塊大石，一趟旅途如果抵達終點並非終極的目標，那麼最重要的就落在過程。這個堪稱最具代表性的哲學問題，在學者們的解讀中，我最認同的是蘇格蘭哲學家麥金泰爾的敘事歷史論，一個人就是他自己的敘事者，他只說自己的故事，所以他的問題應該轉向——在這個故事裡到底要傳達什麼？

如同法國作家馬爾羅所說：「一個人是他一生行為的總和：他所做的，和他能做的。」唯有去釐清整體脈絡才能理解一個人的生命，想要知道自己的價值，必然要先確認自己是誰；想要探問自己該往哪裡去，必然就得知悉自己從何而來。

年方逾三十，還未達不惑，說實在也不是什麼值得驕傲的歲數，想說自己老，又有太多人情世故仍尚未熟諳，但說自己年輕，卻已不再像過去橫衝直撞、愛恨分明。處在這樣比上不足，比下有餘的時期，或許恰好是這漫長人生的測量點，我要站在標的上，回頭檢視最初的自己，再轉身望向最終的方向。

「所以，你知道活著的意義是什麼了嗎？」

一些人在手機的另一邊向我這樣請益，或者該說求救。往往在這句疑問之後，他們便開始拋出自己沉甸甸的人生經歷，在無月無晴的晚上，螢幕裡有時顯得比這夜還要黑暗。我曾經嘗試一一接住這些問句，甚至把自己的心神都拉扯進去，後來發現諸如此類的事只是一再輪迴，可能他們不過是希望有個人能夠傾聽他們的故事，投射一些同情；又可能要如看一部電影般地去徹底讀懂他人的人生，任誰都無能為力。就像我的人生只有我自己能過，不是另一個人可以救援。

當然也遇過不少人對我說：「謝謝你的詩和文章，在我最低落時拉了我一把。」我接受好意，卻不免感到困惑，總只能誠實回應：「我並沒有為你做什麼，老實說我連自己都拯救不了。你真要感謝，是要謝謝自己，因為是你自己選擇做些什麼，是你救了你自己。」

我知道痛苦不能比擬，但處在社會相對優勢位置的我，故事應該算是輕盈了一些，儘管如此，曾經我也想過一了百了。在這求生的過程中，雖然是幸運才能夠倖存，也許一念之差就墜入寂靜了，但必然是對生命的真理還有一絲期望。

這本書是我試著從眾多的經驗或知識中整理自己的人生，或者記錄著某些思維轉變的過程。也許不一定有他人什麼幫助，但對我來說，能夠寫下來就是一種幸運了。

交通號誌不知道又換了多少次的紅燈，我在虛無縹緲的睡意中書寫，每每耗盡了心緒直到夜的盡頭，或許愈貼緊夢的邊緣，就愈接近冰山下的全貌。回溯起小時候與家庭的緊繃氣氛，想起在相似的年歲卻永遠留在昨日的友人，寫道自己曾經從追求完美變成一無所有的人，對我來說爬梳它們真是自討苦吃，卻也赤裸而真實。不為了什麼功利目的而寫，但說不定，這些文字就像那個路口的交通號誌，總會在某個不為人知的小角落產生了意義。

Contents

Vol.1
第一信條

成為　更好的人

想起大人曾教誨我，哭泣是羞恥的，
別輕易攤開自己柔弱的一面，不該讓世界知道我悲傷。

可是倘若我傷心，這世界沒有人看到，那我可以傷心嗎？
又如果沒有人知道，那我的傷心有意義嗎？

萬物皆有裂縫

「有時候，我只是聽見他開口叫我媽媽，就覺得很捨不得，很感動。」

也許，意義就在那樣的時刻存在。

他坐在輪椅上，頭斜靠著，我試著注視他的雙眼，對他微笑了一下，像投了石子卻遲遲沒有回音。當年的我，並不知道那谷能有多深。

正在參訪特殊教育學校，若不是因為誤打誤撞走上這條路，我此生大概也不會有機會踏入這裡。該班級的學生不多，因為收的是重度障礙和多重障礙的孩童，在此學習最基礎的溝通與自理能力。我，一個剛上大學的青澀男孩，每天苦惱最多的是沒錢、想談戀愛，還有午餐吃什麼這些瑣事，成長經歷裡還從來沒有見識過任何一個活著如此困難的人。

我就看著文風不動的他，開始思考起人活著的意義。

如今想起來，那樣的凝視多半帶著憐憫與好奇，別責怪我，我那時太年輕，什麼都不知道，這個世界依然是以我為中心向前展開的。我就是觀察，並且計算眼前這些經歷在生命中呈現什麼意義，最後組合成認知和價值判斷。

當然我現在明白，誰都不該隨意就把他者的人生當作勵志的題材，或是滿足自己同情、知足或幸運的投射。畢竟，眼前的可是活生生的人，他克服社會生活的不便，超越身心理的困境確實是項不容易的成就，但不應該，也沒有必要背負著我或者誰這些外人的期待。

不知道他是否也有看著我，我試想著他這輩子大概做不了什麼，也無法理解這個宇宙運行的規則，但這樣的人生就不值得活嗎？

我被自己拋出的這一個大問號勾住，往後幾年不斷地搖搖晃晃。

XXXXX

參訪時間即將結束，我們一行人穿著亮橘色、過分陽光的系服，穿過迴旋往下的無障礙步道，雖然只是幾樓的差距，但為了減緩坡度，每一層都走得特別漫長。直到我們終於步行出建築物外，盛夏的白晝耀得刺眼。

這趟經歷其實與現時相隔已久，若要回想細節難免有些吃力，唯獨這幾個畫面是少數清晰烙印在記憶裡的，之所以深刻，或許自我感覺它留下了什麼隱喻吧？

當時十八歲，未來大好前程的青年，一切都有可能，覺得自己什麼都做得到，雖然放棄過，也曾被放棄，可是因為青春，是愛是恨下筆都太重，以為活著的意義就是要竭力去成為一個更出眾的人，讓所有曾忽視、錯過的都感到後悔。我是被社會達爾文主義那套叢林法則所餵養的信徒。

可是也因為青春，所以愚蠢，先不論這種人生價值觀的對錯，光在出人頭地這條路上，自己就跌了個大跤。高中畢業沒考好，志願落在為了填補空白隨意填寫的科系上，「特殊教育是什麼？啊！啟智班老師……」收到放榜單的當下，那股傲氣瞬時籠罩在百里霧中，心裡一沉，只覺得自己似乎正在失去，卻也說不出個確切，可能是從前一再幻想的那個頭角崢嶸的夢。

但也是這股覺得自己什麼都做得到的傲氣不允許我再次重考，我不知道自己要往哪裡去，只是眼前有路就先走完。表面上仍舊不肯認輸，心裡倒也明白這是人生的一大失敗。過去當然也遭遇過不少挫折，卻沒有以為末日將至，而十八歲正是一個轉入大人的過程，遂誤以為念大學這件事是決定未來人生的重大關卡。說來諷刺，過去那個信仰強者生存的優越者，卻投身到一個全然陌生的環境，去學習如何面對不夠完美的人。

真正進入「特殊教育」這個學術領域，才明白這個世界是如此之大，以往那些直覺的刻板印象都在透露自己的狹隘無知。原來不是只有智能，還有視力、聽力、肢體、情緒、學習、專注力、社會互動等等能力的缺乏或不足，以致於在適應社會上出現障礙的人，皆是特殊教育服務的對象，除此之外，資賦優異也是其中一環，也需要量身訂製適合他們需求的教材。

「愛心與耐心是不足以支持特教學生與老師的，我們需要的是專業與經驗，」課堂上，教授這樣說著，「有些與其說他們是病患，不如說是與眾不同的人，比如注意力不足過動症，若生在古早狩獵時期，說不定就是優秀的勞動力來源，只不過來到當代社會，他們無法順利適應，或說不符合我們的文化期待，這種因社會所產生的障礙就是不公平的。」

儘管不時仍會有種飄忽的感覺，既不屬於這裡，卻也不知道未來要去哪裡，可是每一天都打開自己的視野，拓展認知經驗的滿足感，漸漸也讓我隨遇則安。在特教系，每一年夏天都會和一些基金會合作舉辦營隊，很多特殊的孩子年年都會參與，不僅是學習融入社群，也是讓家長能有個喘息的假期，但如果下一屆某幾位孩子不再出現，我們大概也心照不宣，生老病死，原來最難的竟是老字。只是每一次看見唐寶寶（唐氏症孩童的俗稱）總是笑得那麼快樂，相較之下，我是那麼茫然。

一直覺得自己是個選錯方向還一直前進的失敗者，我不知道後面有什麼在等著我，也無法不去想像那未行之路上，另一個平行時空的我是否成功做著自己喜愛的事，然而我也無法後退，就只能這樣如臨深淵地走到對岸。生活中隱隱仍有缺憾，說不出來的。

或許我真正害怕的是自己平凡此生，就不被愛了。

有一門課需要貼身去理解個案，某次，我們面對是一個肯納症（自閉症的正名）的小男生，他的特徵包含缺乏溝通技巧、沉默寡言、無法直視他人、難以解讀對話的含義、厭惡肢體碰觸等等，簡單說，他總是沉浸在自己的世界。

第一次與男孩的母親面談，打完招呼沒多久，她立即就聲淚俱下：「老師，怎麼會這樣呢？他出生時一切都還算正常，我們本來想說只是個性比較靜，到兩歲時我們開始覺得有些奇怪，怎麼叫他都不理。後來，看了醫生說我的孩子是自閉症，醫生跟我們說了成因、行為表現等等，可是沒人來告訴我為什麼會是我們？」稚嫩的我們絲毫沒有準備，就要接住一個大人的心。

老實說，我們真的也不知道，領導型的組員試著用一些精神口號安撫家長，其他人如我大半是沉默、不知所措。突然我想起某位教授曾說過的，家長們時常會顯得恐慌、悲傷，甚至無法理喻，但我們要用心存感謝的心去看待，因為他們代替我們承受了這些症狀在一般人之中的機率。想著想著，遂也感到人生有太多是被運氣所決定的，當然這些話並不適合在那個場合說出口。

「可是，我們又能怎麼辦呢？總不能就這樣拋家棄子吧？即使他沒辦法愛我，我們也不會放棄他，我們還是會盡全力地去愛他，」男孩的媽媽說，「有時候，我只是聽見他開口叫我媽媽，就覺得很捨不得，很感動。」

時至今日，我還是能夠清楚地回想起她說這句話時的神情與語氣，不只是因為母性的可貴，更帶有一點對男孩投以羨慕之情。理性上知道這不應該，而且他們將會過著比一般人辛苦的生活——一個去愛卻收不到回報，另一個想卻不知道如何去愛。可是即便如此，我想只要抓住那些平凡微小的片段，它就能在心中燃起火苗。

也許，意義就在那樣的時刻存在。

成年之後，我的認知與經驗也終於從自己這一個點，到被打開了許多不同的窗，看見不同人、不同家庭的故事。我依然想成為一個更好的人，但更好不再是指生活不虞匱乏，或擁有更傑出的交換條件，而是成為一個更有同理心的人。我和所有的人都一樣，都在一個不斷想要取得認同的階段，正因為經歷過失敗，所以更懂得自己；正因為明白了沒有誰的人生是完美的，所以更懂得沒有人是孤獨一人。

畢業後，我還是沒有選擇走上教職這條路。當完兵，出了社會，在幾份工作中浮浮沉沉，屢屢挫敗。直到現在，許多問題我仍舊沒有答案，偶爾看見自己的同學十之八九都安安穩穩地從事教育工作，為他們驕傲的同時，倒不為自己的決定感到懊悔。這在校四年的光陰，也不覺得浪費時間。

我想我已經學到最重要的了。

厭世者求生指南

如果你正處於一片迷霧之中，此刻遭遇了生存意義的危機，以為前方沒有路可行，回頭沒有人在等，請不要為孤獨而悲傷，好好地與自己對話，要有耐心，因為萬物皆有裂縫，那是光透進來的契機。

⊕ 標題引用自加拿大創作歌手李歐納・柯恩（Leonard Cohen）的歌曲〈Anthem〉，其歌詞寫道：「There is a Crack in everything ／ That's how the light gets in」（萬物皆有裂縫，那是光照進來的地方。）

死不了也睡不著

本應是前所未有的自由，現實卻給予了前所未見的迷茫。
或許這正是我每每失眠的主因。

為什麼失眠總是悲傷的？深藏記憶裡的零碎畫面從腦前葉滲出，無論是快樂的故事或者是痛苦的橋段，總會像套了濾鏡，在輾轉難眠的這個當下成為難以忍受的噪音。

或許愉悅的失眠只能被稱作熬夜，但無法入睡的人，陪伴他的不是無窮的精力，倒像是一處無底的深淵，就是沒有理由地墜落，渴望一張床，甚至一個人能夠將他安安穩穩地接住。

我沒有辦法入睡。

明日並非沒有重要的任務在等著我，但和小時候遠足前夕那種興奮的睡不著大相徑庭，反倒愈想到明天，就愈焦慮地翻來覆去。而這樣的情形也並非偶一為之了，有很長一段時期，日間總是精神萎靡，深夜記憶卻變得立體，周而復始，又不得不出外戴上面具應付生活，回到家後連走進自己的房間都像是煎熬，陷入一種惡性循環，彷彿這個世界找不到一個將自己安放的位置。

「現在的自己為什麼會變成這個樣子？」無論傷人或被傷，過去經歷的那些故事一直在腦海裡播放，以教訓的口吻絮絮叨叨著，而我無能為力。

在床上擱淺良久，整座城仍舊靜默，若有錯覺，夜色似乎淺薄了一些，輕慢地呼吸，我能感受到清秋的微涼空氣流進了肺葉，整個人醒了，決定放棄掙扎，起身試著好好收拾紊亂的思緒。泡杯熱茶，把心放涼，唯有冷靜抽離自身，才有辦法找到問題的根源，宛如一個工程師在密密麻麻的程式碼中耐心爬梳，如果不修復錯誤，就只是一再沉溺於這種自責或自憐的漩渦之中，那多像另一種形式的自我陶醉。

將所有令我心煩的問句整理排列，在那疑惑之上還有疑惑，想著為什麼我感覺不到快樂？明明厭惡現狀卻無力改變？之後的我要去哪裡？而這些箭頭最終都指向一個核心——我為什麼活著？又為了什麼而活？人生的意義到底是什麼？

人生的意義是什麼？如果只是逃避般地稱「活著就是還沒死去，

沒有為什麼」，落入飽食終日、無所用心的處境之中，那麼智慧便顯得無關輕重，人和動物的界線遂變得模糊，長命百歲和下一秒死去也沒有什麼不同。

儘管會有很多人聲稱他們已經懂得很多事，但那些都是自欺欺人罷了，不論學歷多高、資歷多深，只要人還活著，就會有更多未知的宇宙在等著探索。「人生的意義」即使已有許多哲學家、心理學大師給出他們的答案，若沒有以自己的經驗內化成腦袋裡的思維，那就像做了一場絕美的夢，沉醉而解脫，但醒來之後還是得要面對現實。

我想繼續思索「為什麼活著？又為了什麼而活？」，雖然聽來相似，細細推敲卻是兩種截然不同的問題。假設問「為什麼要吃飯？」得到可能是因為餓；若問「為了什麼而吃飯？」回答可能就變成要有力氣，或是避免之後挨餓。差異在於「為什麼」探問的是「原因」，而「為了什麼」則是「目的」，前者是來處，後者是去向，令我聯想到很久以前寫過的一個故事。

想像一個人，正在無垠的神祕大陸上旅行，他心裡清楚這趟路程終有終點，既不知道何時會抵達，亦無能洞悉抵達之後還有什麼。時時刻刻壓抑著如此飄忽的不安，然而旅途必然之終結，卻又是他唯一可以完全確定之事。

他坐在列車上，窗外的風景不斷退後，眈溺一眼就倏忽而過，而他也不能追回，必須忍受著這樣的得失，日夜前行。循著嚮導，他的旅途早已換乘了好幾班長途列車，這一路上有人與他同行，有人擦身，有人並肩而坐。也輪過他離席轉車，每一次短暫的緣分都讓他不禁懷疑，感受到是命運、社會或是某種抽象的規則，而不是他自己規劃著下一班車的路線，他在時間與空間的面前無能為力，而這一切都讓他的車廂像是一座毫無自由可言的牢獄。

終於他離了站，接下來的路已經沒有任何的指引，他旅途的終點還沒抵達，只是眼前毫無頭緒該往什麼方向。他環顧四周茫無涯際，所有的風景都讓他自覺渺小，從前他用自己的眼睛看，世界宛如以他為中心的舞臺，現在他意識到天地之大，上帝自蒼穹往下望，自己只是滄海之一粟，與其他密密麻麻的生命沒有區別。這種聚光燈從自己身上移開的感覺，讓他在此有了一個疑問——「我是誰？」

他從一個無趣但安穩的階段，進入到一個不確定的環境，眼前的每一條路都帶著未知，每一個未知都帶著代價。他從不知道自由竟是如此可懼，即使循著直覺走了幾哩，腳步卻愈發沉重，每踏下一個步伐都象徵著其他路線的可能性被抹殺。他必須評價自己的抉擇是好是壞，但就連評價的方式都眾說紛紜，這時他感到自己誰都不是，從而察覺到了個體的孤獨。

求生的本能提供了他兩個方法，其中之一是回過頭找來時路。他要回到當初那個一如監牢的車廂中，放棄選擇，任憑列車將他帶去任何地方，但即使如此，他仍意識到這個決定依然伴隨代價。他不知道為什麼無法如從前那般在愚昧中前行？他努力拼湊過去的所有細節，以及當初出發的契機，亟欲找出在哪個環節出了差錯，唯有如此才能找到初衷。於是，有了第二個疑問——「我從哪裡來？」

另一個方法，是繼續走下去。他希望找到能所依靠的同伴，脫離這種格格不入的處境，並為眼前無所指向的旅程提供援救，這種與人結伴的慾望愈是濃烈，愈是說明了他如何不適應與自我相處。他可以選擇放棄己見，服從他人規則並被牽引至終點，不然就是必須忍受孤獨，執著於一種自己也說不清楚的理想。終於，在日復一日徒勞無功的失助之中，出現了第三個疑問——「我要往哪裡去？」

在這個故事中，我將人生比擬成一趟旅程，同樣是探問來處與去向，而真正想要知道的是「我是誰？」、「我從哪裡來？」、「我要往哪裡去？」

當然旅程只求順利平安，人生也只要順順地過完就好，這絕非少數的想法，所以並不是所有的人都會對這趟長途旅行提出疑問，那是因為這些人始終不曾察覺自己在車廂上，僅僅不斷照著指引，換著列車班次，平平淡淡，毫無波瀾，自然也不會拋出這些問題困擾自己。然而一旦在人生的途中遇見了一些難以通透的挫敗，甚至是攸關生存的危機，迫使人思考起意義，那麼即便抵達終點的那一天到來，哪怕旅程只有短短的一瞬，也不覺浪費，如釋重負。

若想要得出什麼是「人生的意義？」，就必須先釐清這個命題，否則會陷在文不對題的討論中，甚至應該要先定義什麼是人生？又，什麼是意義？

人生，即是一個人由生至死的歷程。出生既非所願，死亡又往往不可預期，一條小蟲、一尾魚、一隻雞、一頭牛，一個人渴求被認定擁有獨特的個體，希望自己異於禽獸者，甚至要高人一等，但在生命的框架裡，人同萬物似乎又沒有什麼分別。每一天都有數以萬計的動物啞然失聲，歸於沒有喜怒的物質，同樣的日子裡也有這麼多的人在無常中消逝，有這麼多沒有意義的惡行如常流動，翌日又有新的循環去取代舊的面貌，這一切都讓人們意識到在時間的洪流裡，每一個人——包含自己——都彷彿只是一串虛無數字裡的幾分之一。

所以我們耗費了大半青春確認自己是誰：是蝶是人？是夢是真？

就像一個迷路的旅人，必須先清楚認知到自己在這個世界的定位，才能夠更進一步探索方向。

逐漸釐清了自己的面貌之後，更需要找出是什麼因素造就了現在的自己？卻發現記憶所能夠溯及的過往有限，從嗷嗷待哺到進入其他群體之前，有著一整片的灰色地帶，而這一切都與我們的父母、生長的環境息息相關，所以又必須試著拼湊出過去的歷史。

終於透析了自身的脈絡，了解痛苦與榮耀其來有自，我們與從前和解，希望帶著改變的力量繼續走，明明心裡是這麼想的，卻依然不如所願。要不順從這股身不由己的氛圍，服從命運；要不超越一切阻饒，為了成為自己想成為的人。

最後，終於死去，人的意識與認知皆無法再製再現，生命到此為止。這段歷程即是「人生」。簡而言之，一個人能夠認知自己是誰，並且將開始至結尾都連成一線。

人生容易解釋，難在定義「意義」，因為意義本身就常帶著不同的「意義」，舉例來說，若有人問起：「《收信快樂》這部戲的意義是什麼？」其實在問戲的內容摘要；若續問：「去欣賞《收信快樂》的意義是什麼？」這時關心的是好處，即能帶來的效益；但又再問：「你邀我看《收信快樂》的意義是什麼？」在此探求的便是目的，想知道背後是否有個真實意圖。

因此當有人嘆氣：「啊，人生好沒有意義！」正由於語言產生歧義，他有可能在說過去的生命經歷缺乏內涵，也有可能要表達現在的人生沒帶給他什麼好處，但說不定是在透露不知道自己該成就什麼目標。這三者都沒錯，但若要思考不至失焦，就必須去深究上下脈絡，才能準確地指出一致的方向。

再繼續追問「人生的意義」，有沒有一種答案是永恆不變，且放諸四海皆準的？無關乎我是誰，能夠回答每一個人，不受任何性別、階級、文化而有所差異，屬於總體人類生命的終極意義？

無論意義在此象徵的是內容、好處或是目的，若要有意義就必須要先有個意義創造者，比如選舉制度的意義，就是出投票發明者提出所要實踐的民主精神，以及訂定出票多者贏、票少者輸這般規則，因此人生的意義，也必須先找出一個可以賦予整體人類意義的創造者。

古時候的人之所以認為天生就具有使命，也是因為他們相信有神，或是一個支配人類的存在，透過宗教這種形式，傳達了要贖罪、確保來世、赴往極樂世界等答案。

現代人由於科學理性和人本思想取代了以神靈為中心的生活方

式，達爾文告訴我們人類的起源可能只是猴子基因上的突變，又適應了環境變遷才得以存活至今。也就是說除非有辦法證實造物者的說法是正確的，否則我們就得承認「人生沒有客觀意義」，不然就等同盲目投身於一些人云亦云、約定俗成的主張中，像是為了創造宇宙繼起之生命。

雖然看似悲觀，彷彿人一出生就被棄於蒼茫大地，自生自滅，但換個角度想，像我這樣沒有信仰、總是懷疑一切正確性的人而言，卻是再好不過。代表我們毫無包袱，不用還前生的債，也不負來世的果，專注於此時此刻，必須依靠自己，判斷想要成為怎樣的人。

話雖如此，明明要做什麼都可以，偏偏又好像什麼都做不到，本應是前所未有的自由，現實卻給予了前所未見的迷茫。或許這正是我每每失眠的主因，脫離了命運的枷鎖，卻仍然像是有別的什麼在掌控著自己。

在這死不了也睡不著的荒謬之中，且讓我將所有的歲月緩緩攤開，從回憶中抽絲剝繭那些支撐自己的理由，然後在莫衷一是的人生裡不斷地驗證，再不斷地推翻。唯有如此，才能好好地回答——我是誰？我從哪裡來？又要往哪裡去？

者生南
世
厭求指

有人說睡眠就像是一場小死亡，那麼睡不著的你說不定是本能渴望要好好活下去。因為沒有辦法找到對所有人都絕對正確的人生意義，所以現代人總是無所適從，落入了什麼都可以是意義，也就什麼意義都沒有的模糊地帶。如何對抗這漫長的空白，為自己的人生創造說法，即是我們接下來要做的事情。

誰能給我更孤獨的門窗

仔細想想才驚覺，也許我的很多選擇都是為了討好母親，這一生都在避免成為像我父親一樣的人。

每個人乍來到這個世上，雖然已是單獨的個體，發展仍未成熟，無法辨認自我與外界的區別，依然以為自己與母親是一體的，也因此忍受不了分離的焦慮。若不是母親的慈愛，給予我們溫暖與哺育，我們必然在死亡的本能恐懼面前變得扭曲。

等到發育稍全，終於可以分辨物我之別，也能將食物來源與親屬之間區隔，知道他們是異於自己的、另一個活生生的人，並且握有哺餵的權力，父親與母親在這個階段已然有了真實性，這讓我們首次遇見了可以依賴與服從的對象。

理論是指傳統意義的母親和父親，且是以理想狀態為原則，當然現今多元社會家庭分工已不再僵化，可以想成最親近的人在我們的生命初期扮演著兩種角色：母性與父性。前者永遠接納自己的犯錯，好讓我們耽溺於親職無微不至的照顧，於是我們體會到生而為人是幸福的；後者則代表權威，是強大的象徵，是經由他的能力與賦予，我們才擁有日常所需，也代表要獲得肯定就要達到標準，滿足他的要求，規範自己的行為，於是我們認知到人生在世需要秩序與合作。服從的同時，又對其抱持著取代的心結，以期獲得掌控的權力。

在無助的嬰幼兒時期，從母性角色中獲得安全感與生存保障，我們不需要付出什麼，就能無條件地被照顧，使我們建立起被愛的感受。到了兒童時期，父性角色開始大量參與自己的生活，引導我們遵從規矩與期望，終極目標是要繼承他這個家的地位。我們需要有所付出才能有所得，證明自己被託付是值得的，這種「要符合資格才值得」的觀念，即是我們學習去愛的方式。

如大自然萬般接納，一個人知道無論自己多麼失敗，存在的保障永遠無法被剝奪，母性即是自由；又如社會要求合作與競爭，一個人追求卓越，要能夠實踐他人的期待，也要超越家庭的宰制，父性即是自律。我們就是自己父母親的結合，指的不是基因上的重組，也並非承襲他們的生命經驗，而是精神層面的，把雙親的慰藉與規訓刻印在內心裡。

因此一個健全的人格既有母性也有父性，是愛與被愛，是自由亦是自律。

這並非理所當然，我們還需要透過實踐與發展才有可能完成，所以人生就是持續在生活中協調這些因素，才能成為真正完整的自我。

※※※

最近讀了一些心理學書籍，有許多的篇章都在談論父母與子女的關係，與朋友討論，他也說：「某天突然發現自己在感情、夢想，或其他很多事情的價值判斷上，其實都和小時候與父母某幾段不愉快的經驗有關。」

聽他這麼一說，仔細想想才驚覺，也許我的很多選擇都是為了討好母親，這一生都在避免成為像我父親一樣的人。

一直以來，我總認為人生而獨立，理性思考是根據當下的狀況和未來的得失計算，而家庭出身與背景等是我無法選擇的，從前種種譬如昨日死，不應該再任由這些幽靈般的往事左右我的自由意志，否則就好像陷入一種沒有辦法開創自己命運的無力感之中。

況且自覺出身既平凡又無趣，雖不是優渥人家，倒也沒有經歷什麼新聞事件般的苦難，過去無關緊要，沒有什麼好值得探究的。不過，深埋記憶裡如此久遠的過往，如果還能夠被提取，我想都應該是一些刻骨銘心的事件吧？可是當我開始惦念起小時候，浮現腦中的卻不是什麼幸福美滿的畫面。

如同心理學所說，一個成熟的人就像心裡住著自己的父母親，使他能夠無條件地愛自己，也能讓自己值得被愛，即使事實不如所願，一切的根源仍然來自原生家庭。或許我之所以這麼想要證明自己可以超越家的羈絆，正是因為我一直在逃避成為自己父母的翻版。

我的母親慈愛又嚴厲，父親卻無所用心。我總能想起他們爭吵的場面，為了錢不開心。父親沉迷賭博，也沒做過什麼了不起的事蹟，母親老是為他善後，她是整個家的支柱，卻也是不可質疑的威權。

可能是這樣，父親在家中總給我卑微的感覺，他沒有什麼讓我印象深刻的發言，也時常缺席參與活動，自有記憶以來，我們之間就像是隔了一道牆。即使在我成年之後，這道牆變得透明，彼此的對話仍然不多。

而母親總是為這個家毫無保留地付出，總是為我們編織生活和夢，卻也總是焦慮。她恐懼我走上錯誤的道路，用過激烈的手段。我記得衣架的觸感，記得她手裡的刀，以及說過要帶我們一起離開的狠心話。

不過我並不因此恨，依然深愛著自己的父母親，只不過他們對我來說是複雜多面的存在，可能這個矛盾的結，因為太難解了，硬是被我忽略。是時候回過頭審視組成我的那些歷史了，於是我決定回家和他們聊聊這些過去的事件，試著打開塵封已久、我印象稀薄的那段，最初的人生。

XXXXX

從我出生的那一天開始談起，母親說那同時是奶奶出殯之日，也恰好是農曆新年前夕。夫家的人忙於葬禮，娘家的人在張羅過年，只有她一個人在醫院裡待產，而我的父親因為喪母之痛，意志消沉，好幾天不見人影。三十年後才得知這件事的我，雖然對父親的行為舉止並不感到意外，卻從未想過我來到這個世界的那一刻，這個男人選擇了缺席，如同預言般，消失在往後人生的眾多場合裡。

她說童年時候我時常進入醫院，出生不久後發現多了一支腳趾需要切除，兩歲時又罹患腸套疊，差點丟了小命，母親為此特別自責，認為原因是她做家庭代工的保麗龍球害我誤食。還有一次是在公園跌倒，撞得滿臉鮮血後她才發現。我有記憶以來，只知道身上有著許多刀疤，尤其腹部一條長長的蜈蚣線，更是我自小每當更衣、游泳就不斷被追問，覺得既自卑又自認獨特的複雜存在。

那彷彿我的隱喻一般，我就是一個自卑又自認獨特的複雜存在。曾是老師眼中的問題小孩，記憶中最早的一次是小學二年級我打破教室玻璃，為了要幫助陌生的同學取下卡在校樹上的球。我們輪番朝樹冠扔擲著石塊，偏偏我又投失了方向，正中相鄰教室的玻璃窗，

「砰」的一聲，玻璃應聲碎裂，其他人一哄而散，只剩我留下。家庭聯絡簿寫滿了大大的紅字，知道自己闖了大禍，唯一能想到的辦法，就是撕下那一頁，偽造新的日期，最後仍舊紙包不住火。

如今想起來，會選擇這樣的應對方式不是認為自己出於善行而委屈，而是我害怕被母親發現犯錯，因為我必須在她面前維持優秀的形象。那真正的原因或許是我恐懼自己會因此得不到母親的愛。追溯起童年經驗，追求優秀可能就是我習得索愛的方式。

和她談到這段經歷，還有其他一些她給我的疼痛教訓，母親都不太有印象，但卻告訴我過去她是如何被房東驅趕著搬家，又賭一口氣背起貸款買房子，站在客戶那邊和公司對簿公堂導致在職場被排擠，還有畢生積蓄被壞朋友倒會。而父親不管事，老是消失，又在外欠一屁股債，這一切重擔她都必須獨力背負，同時又要照顧小孩。

我從來不知道她說的這些，但小時候隱約明白家中經濟困難，也知道母親獨力支撐著這個家，所以才沒有辦法忤逆她的任何期許，希望自己可以逃脫這般窘迫的宿命，成為家族的榮耀。

然而再進一步想想，我對組一個自己的家庭反倒沒有太多幻想，來到現在這個年紀，不免背負著成家立業的期待，這條路就是清晰可見的目的地，可我就是待在原地，而且絲毫沒有要往前的念頭。或許我唯一知道的父親形象就是像我父親那樣的人，而他給我最大的影響，就是成一個家並沒有那麼容易。

我可以同理父母親的不完美，也能夠原諒那些問題的癥結。原本我不知道他們的角度，如今也組合成新的版本，只是還不能確定將這些過往經驗的折疊處重新攤開，是否真會將我帶往新的路線？

成年之後的人生的確帶來了更多的可能性，知識也給予了我批判傳統的工具，因此不假思索地拋下過去的包袱，結果使得我在茫茫人世中進退失據，不知道何去何從。毫無疑問，從家庭經驗來定義一個人將來的發展是過於狹隘的，但應該批判的是它的狹隘，而不是完全否定成長的這些故事。

這些最早教育我、形塑我、給予我明確行為的處事準則，又在與家庭互動的行為中理解自己，這正是對於自我最早的定義，倘若一味的批判原生家庭和傳統社會觀念，又沒有足夠好的錨定物來觀照自身，那麼，不斷擺脫宿命枷鎖的這過程，何嘗不是也在遺失自我？

人雖生而獨立自由，幼時卻無法脫離家屬照顧而活，貿然把過去看成與未來無關，把出身視為淺薄的經歷，一定程度上也是因為我仍缺乏體驗與智慧去驗證認知，過於專注在自己的耕耘與收穫上，這其實也是一種傲慢的表現。

正是，我在建構新生活的同時，舊的生活也在支撐著我。

者生南
世
厭求指

能理解過去的人就能理解現在，理解現在就能理解未來。同一個故事，一個人在他文本裡可能是英雄，但在另一個人的文本裡卻是壞蛋，記憶並不可靠，我們必須拼湊出新的版本，與無力掌控的過去和解，才有可能帶著改變的態度往前走。

⊕標題引用自臺灣創作歌手羅大佑的歌曲〈家〉，其歌詞寫道：「誰能給我更孤獨的門窗／遮蓋著內外風雨的門窗／誰能在最後終於矛盾地擺擺手／還祝福我那未知的去向」

不完美的完美

雖然愛著自己的兄弟姊妹，但彼此仍然是人生第一個，也是最常拿來比較的對象。

小時候的我特別敏感，時常因為愛哭而被責備，直到某次又被大人呵斥，內心的自己竟然也加入訓誡的行列，就像在心中住了個糾察隊，逼迫自己想哭都必須忍住。即使成年後，無論感動或委屈，儘管已經熱淚盈眶，也宛如電擊反應般，反射性地吞了回來，除非在必須要透露悲傷的場合，哭泣儼然成為一種表演。

如果要解釋自己如此不甘示弱的原因，從內在面來說，人由於幼年時期必須完全依賴他人，無法移動覓食，這種對於自己的生存無能為力的情形，催生了最初的自卑感。為了要移除這種不適，也因此有了建立自我的驅力，此一早期的行為模式烙印在心中，一旦感覺到自己低人一等，就會推著我要變得更好更強。

而以外在面解釋，男生要有男生的樣子，要陽剛，要正向，不能情緒化，大人被這樣教育著，又將此傳授給他們的孩子。這個社會如此拉著我們往前跑，我想要討好父母，符合他們的期待，成長為一個更好的人，只是這個更好的標準卻不是由我定義的。

我有另一個故事是關於姊姊的，雖然愛著自己的兄弟姊妹，但彼此仍然是人生第一個，也是最常拿來比較的對象。況且我們沒有辦法擺脫對方，彷彿一個人從小到大，不僅在學校要競爭階級地位，回到家還要角逐被寵愛的寶座。

在姊姊的版本裡，她一直都不是纖瘦的體態，成績雖未到頂尖，倒也不差，而她的弟弟很傑出，長得也可愛，大家都喜歡他，她也很照顧弟弟，只是大人總若有似無地去對照兩人，然而最令她自卑的不是這點，而是生活上的差別待遇。每當弟弟在外面遊玩的時候，她卻得在家裡做家事，要幫忙煮飯、晾衣服、洗碗，不時還要遭受母親的責難，弟弟好像都不用承擔，而這一切都只是因為她是女孩子，讓她人生頭一次感覺到這個社會是多麼重男輕女。

我後來想到她高中住宿，大學也離家就讀，甚至畢業後赴澳工作兩年，結婚移居香港，可能只是恰好搭上時運的車，又可能是她心底一直想要逃離原生家庭給她的卑微感。

但在我的版本裡自己卻並非一直都這麼志得意滿，我也有眾多陰影。小學時候，我必須使用姊姊傳承下來的課堂用具，鮮少有機會買全新的，甚至某一學期的某堂課前還得走去高年級教室向她拿毛筆、硯臺，放學再帶回家。那時老被告知家裡經濟條件不好，所以從來不敢跟父母要求什麼，可能這種匱乏感就此深深埋進那個不甘示弱，又渴求獲得外界肯定的孩子心中。

等到終於擁有自己的零用錢，那股匱乏感就突然變了樣，開始萌芽、扎根。我可以不吃午餐，把錢都省下來只為了買玩具，而且是買很多、很多玩具，有時是為了補償自己不足於他人的地方，更多時候是為了蒐藏，或者說囤積，可能想藉此換取一些欽慕的目光。我不知道這是資本主義對現代小孩的陷阱，還是一個無能的弱者，在得知自己擁有力量後，使勁想要掙脫從前的不堪。

這種滿足感在心裡盤根錯節，再長幾歲後，尋求的認同由吸引玩伴移轉到追求戀人，更從玩具變成球鞋、服裝，只要能夠讓自己看起來不再矮人一截，打腫臉也要充胖子，再到後來，那種慾望可能就進階成名牌、名車，甚至直到現在，我仍不敢說這種消費習慣已經完全改善了。若非近年有所體悟，可能我到老都不會發現這種實現自我的手段其實早在不知不覺中變質。我以為追求優秀就能使自己值得被愛、被尊重，但超越這股自卑的方法，卻不再是依靠增進自身的能力，而是把外在的社會價值往身上貼。

XXXXX

以現在學習到的知識與價值觀看這些過去的故事，肯定會發現許多不合理的部分，像是性別上的刻板框架、差別待遇，或者對物質消費的虛榮。但身處在那些階段，卻渾然不覺有什麼問題。是什麼影響了自己的判斷取向？我試著解釋這個觀察，並歸納成三個信條。

第一信條是心理的刻劃。人從躺到坐，到爬到走，天性讓我們尋求進步，也期望自身的存在感能被認同。而雙親正是第一個學習的對象，他們賦予了生活的準則，成為我們最初也最深刻的心之所向、身之所往。整體來看，家庭教育奠定了我們追求愛與被愛的方式。

第二信條是社會的再塑。我們進入更大的生活組織，也有了更多可以比較的對象，族群、宗教、性別、階級、文化等等層面都豐富了自己的見解，也形成一種團體氣氛，重新塑造或者強化了第一信條，甚至可以說，父母親也是先走在社會鋪設的道路上，再傳授給我們，所以這兩者鮮少有衝突。

第三信條是知識的改造。一旦我們從學者權威學到了與舊思維相左的答案，例如迷信和不平等，價值的分歧就此出現，可以否決新知，可以抱持著雙重標準，或者選擇徹底改造自己，知識便植入了新的一把尺，引導我們協調觀點與思考。

第一信條由內而外，第二信條則由外而內，這兩者一推一拉，交織成一條堅固的繩索，幫助我們抵達人生的目的地，但也因此總是先採取以自我社群為中心的立場。倘若沒有知識的啟發，我們很難對此有所評價，就像毛蟲的視角只有平面的概念，直到牠能翩翩飛舞，從此才有了立體的維度。

但也因此，知識儼然只是在前兩者上加入尺規，人往往先有立場再透過知識自圓其說，這也是為何明明做了理性判斷，卻還是無可避免地犯錯，但這並非說知識沒有力量，而是唯有意識到這一點，才可以加入更多尺規去反思自己的立場。

當一個人心中的尺規愈多，並不等於他的限制愈多，正因為他能夠透過思辨主宰自己的人生，其實是更加自由的。反之，當一個人缺乏學識或陷入非理性的漩渦時，就愈容易被困在家庭與社會體制所建構的框架之中。

然而這並非否定了家庭與社會，相對的它們才是最穩定的力量。若是緊咬著知識和理論，遂全盤推翻舊有的經驗與認知，就像走過的橋全斷了，這個人即使有了不同的目的地，也會在走上新的吊橋不時感到搖搖欲墜，對於人生的方向進退維谷。

儘管先天無法決定的家庭對為人處世有重大的影響，社會化經驗也給予了更明確的指引，但我們仍可以透過學習，得到另一套價值判斷的準則，最重要的是讓我們知道，一個人是有可能改變自己的，可以不被童年挫敗的陰影干擾，也可以不成為社會規格化的產品，端看自己的意志如何選擇。現在的我之所以是我，不僅是過去造就人格，也是由於後來累積的理性與知識。

「變得更好」是人的天性，只是在成長的戰爭中妥協了，投降了，就會在無法超越的絕望中被自卑感一再折磨。現在的我假使能夠回到過去，溫柔擁抱那個因為哭泣而沒人要跟他玩的小男孩，教導他如何釐清哭泣的根源，並且好好地建立他的自信心與尊嚴，往後的人生，在面對強烈情緒來襲時，或許就能適當地找到正確的出口，游刃有餘地主導自己的生活。

只可惜過去發生的就已經發生，誰也無法改變歷史，我唯一能做的就是去學習，重新建構觀看世界的方法，與之和解然後放下，好好地站在眼前這個節點，背負起成就未來的責任。其實仍然可以追求將一切做得完美，只是那種完美，必然包含著一些不完美。

厭世者求生指南

家庭影響由內而外，社會影響由外而內，這兩者決定了我們大部分的價值觀，但可以透過知識的改造，能在理性判斷之前多加入一把尺規，並且透過實踐，掙脫先天無法決定的束縛。重要的是相信人是可以改變的，唯有這樣才能超越自卑，成為更好的人。

我是「三重之子」

誰不想當個酷小孩？

我們都一樣，開始進入更大的群體世界，都想要藉由別人身上得到安全感。

三重，這座偉大城鎮被謔稱臺灣的布魯克林，同樣一橋之隔就仿若跨進了另一個圈子，我曾覺得這個比喻十分貼切，即使根本從未親眼見過紐約的模樣，但從臺北市的小學回到這裡的中學就讀，雖自認不是臺北人，倒也清楚體會這裡的氛圍與兒時身處的場景截然不同。

若以一些具體的說法，即是身邊操臺語氣口的人多了，鬼神龍虎的刺青常見了，追逐的警笛聲與引擎聲習慣了，不過三重並非真如都市人所想像，比作漫畫中高譚市那樣的罪惡之都，畢竟我們可沒有蝙蝠俠。就是一種看不見、摸不著的暴戾之氣散在空中，血氣方剛的少年人迎面走來，即使相安無事，也會不自覺腳步加快，不敢亂看。

不知道從什麼時候開始，家庭占我的生活的比重已經少了，升上這個躁動的年紀，更重視同儕之間的感情。也許是校園離家更近了些，無論放學、放假都和同學、朋友一同廝混，籃球場、網咖、電影院，其實也不是什麼特別不良的場所，但逃離大人的監視，就覺得自己長大了，頭一次享受到管理人生的滋味，很像自由，但還不是自由。

在草根味濃厚的三重，宮廟不僅是民間信仰場所，也是社群中心，無論是天上聖母還是玄天上帝，只要你信得過，弱小的人都能夠得到庇蔭。確實我有不少同學年紀輕輕都去跟過陣頭，甚至有的還練過八家將或官將首，對他們來說，那就和戰士的勛章一樣，從此講話就更有分量，不只後面有人撐腰，連神明都是靠山。

對青少年而言，也許從未想過那個階段的人生意義，但誰不想當個酷小孩？成長的驅力也在取得認同，所以說真的我們都一樣，開始進入更大的群體世界，都想要藉由別人身上得到安全感。一方面渴望自己能再像小時候那樣被注視、被捧在手心，一方面又不想再被當作柔弱無助的孩子，要像大人一樣是一個活生生的個體，不是塑膠，也不要被旋轉。這種矛盾下，有兩條路可以走，一條是努力在同輩中脫穎而出，真實地贏得尊重與成就感；另一條路相對簡單，自己沒有的就從他者身上借勢，成群結黨，各自為王。

這樣的成因不只是心理上，也屬於社會性。在這個地區成長的孩子耳濡目染，上一輩做事的方法傳承給下一代，一群人示範給另一群人，查埔囝要有氣概，查某人要有倚靠，像是楊德昌的電影《牯嶺街少年殺人事件》開頭寫著：「……絕大多數的這些人，只是為了一份安定的工作，為了下一代的一個安定成長環境。然而，在這下一代成長的過程裡，卻發現父母正生活在對前途的未知與惶恐之中，這些少年，在這種不安的氣氛裡，往往以組織幫派，來壯大自己幼小薄弱的生存意志。」

雖然不是同個圈子，但在同班的分上，也碰到幾次有同學願意幫忙解圍麻煩人、麻煩事，因此也稍微知道他們怎麼撨事情。都說江湖事江湖了，不過就放學後一群人約在公園談判，臺語又叫冤家，偶爾還會帶上一些球棒、大鎖、安全帽壯大聲勢。其實現在可以想像，也才國中生哪能惹什麼太大的禍上身，但那就是另一種權勢的展現，他能罩你，也能夠弄你。

以前我們都稱屁孩，現在多了個說法叫中二，心智尚未成熟，像是個一夜致富的乞丐，得到了力量便開始四處揮舞，就怕還被當作小孩來看。叛逆，也可以解讀成爭取自由的本能衝動，每個人或多或少都有這般特質，但若只是為了免除獨裁加諸在自身的限制，卻沒有讓自己成為自己的權威，很容易就去依附另一個老大哥，甘願接受他人的指令以換取保護。

如果不照鏡子，我們就看不見自己。人對自我的概念很薄弱，需要從與他人的互動中獲得存在感，也亟欲被自己認可的位高權重者認可，用以證明自己的特別與獨一無二，唯有如此，才能夠建立起對自己的愛與信任。

可是這種內在的自愛如果一直沒有被滿足，只好更積極主動去尋求外在的凝視，於是這種不滿時常製造出一些不適當且強烈的憤怒，無法脫離自己是故事主角的窠臼，藉著引誘或挑撥他人來製造舞台，直到終於從這種循環中擺脫了卑微，覺得自己真了不起，充實而欣慰。說穿了，中二病其實就是自戀病。

仔細想想他們那些張狂的行徑，說不定反過來，也都因為心中都有一股揮之不去的自我厭惡。在某些社會規則裡，他們是最被輕視的一群，即使加入團體，還是要做人小弟，所以幾個人加在一起，足以盛氣凌人的時候，便奮力甩開那種屈辱，一嘗特權的美味，結果都是弱弱相殘。

延伸來看，長大後在部隊，在職場，即便交集的不再像過去龍蛇混雜，還是會遇到一個一個小團體，本質其實都是一樣的。一些人臣服於最有勢力的領袖，言聽計從、狐假虎威，幫忙維護既有利益就能分享到一點呼風喚雨的感受，其實只是利用誇大自己掩飾惴惴不安的內心，這樣的小團體，愈是緊握這種宰制下一層的支配慾，反而愈象徵了自己真實的脆弱及無能。

我可以理解這種攀龍附鳳的動機，因為自己也曾迷失。當我面臨一些生存意義的危機或是競爭的威脅，又對自己周而復始的生活充滿無力感，這時只要有一個強大的人，可以闖入我的世界，帶我離開，加入他們，讓我感覺到不需要在這茫茫人世孤軍奮戰，給我一個有保障的生活，就算是抹滅掉自己的理想，只跟從強者的意見也沒有關係，成為隨波逐流的一分子。

青少年時期正好是逐漸脫離嚴密管教的時期，這時的生活獲得愈來愈多私人的時間與空間。好了，我們自由了，那然後呢？不知道自己該做什麼，或有能力做什麼，像被圈養久的羊，打開閘門後卻沒有任何一隻願意跑出去，因為外面的世界太多未知，不知道自己從何而來，又要往哪裡去。獨立自由往往伴隨著不安，明明維持現狀很痛苦，卻也習慣了，然而若要承擔改變，焦慮感誇大了風險，就默默認為付出的代價會比待在原地還高。

這時如果有一頭勇敢的羊，或一隻凶悍的狗走在最前面，就自願跟著走了。

可是還能怎麼辦呢？如果我們真的渴望自由的話，就別忘記我們是有選擇的，永遠都有一條比較辛苦的路可以走，那就是自己先當那頭勇敢的羊，努力去做些什麼，真實地獲得尊重與成就感。這話說來含糊籠統，因為也只有親身實踐過才能體會到，一個人的力量若是出於自身，而不是靠山靠海，他才能夠獲得足夠的自愛自尊，敢於直視自卑，無論身在什麼處境，都可以選擇不同流合汙，擁抱拒絕的權利。

離開三重的生活圈不知不覺已經十年了，因為回來與朋友相聚，即使捷運都早已開通，還是選擇搭上二二五號公車，從前我就是這樣在臺北橋的兩端通學，承載著不只是旅客，還有我小學和高中的回憶。久久未回來，再次坐上開往三重的公車，沿途的景色變了好多，河岸旁一幢一幢富麗堂皇的華廈高樓，住在裡面的會是在地人嗎？

聽說過去一個跟我要好的同學也浪子回頭了，在與我相同的歲數，靠著裝潢出師，已經買了一棟房子。雖然沒有特別聯絡，但我仍然很難想像曾經老是被約出去打架的他，現在是兩個小孩的爸爸。

即使我總是懷疑傳統的一切，但不可否認成家立業、結婚生子的確創造了某種力量，能讓人向過去的種種荒唐說不，也是這裡人安身立命的開始，是不自由，但又像極了自由。

三重會變，人也會變的。

厭世求生指南

一個自大、自戀之人必定也有他自卑之處，因為那股強大不是發於自身，而是依附他人，愈是習慣如此，就愈容易盲從，在小團體甘願為奴。因此不要追求擁有自由的力量，因為力量的代價可能就是自由，真正要捍衛的，是擁有力量的自由。

愛本身即是原因，也是答案

「或許我真正害怕的是自己平凡此生，就不被愛了。」

「追溯起童年經驗，追求優秀可能就是我習得索愛的方式。」

你，是多麼努力啊！想成為一個更好的人，但用盡了力氣卻沒發現那只是過程，你的最終目的其實只是為了被愛。

於是，好還要更好，直到一切好不起來了，像一棵不斷生長的樹，使勁地向天空伸長了枝葉，誤以為這就是生存的方式，卻忘了起初只是需要碰觸一點陽光。你早就可以辦到，卻走錯了方向，一味地延伸自己，陷入永無止境的追求。

青春期，脫離了對親人的依附，你開始好奇別於自身的陌生個體，你很小就知道愛是怎麼一回事，也許那種對愛情的憧憬是從許多故事上學習來的，有的是影視戲劇，有的是動漫卡通，那近乎刀刻的輪廓，或線條立體的身材，當然也有被角色散發的正向特質所吸引，勇敢、正義、仁慈、犧牲小我，你虛擬的第一個戀愛對象是那麼完美。

對偶像的仰慕內化成心中的理想典範，你不知不覺地模仿他，跟隨他，從外在的服飾穿著，到一切舉止言行，將自我投射為他或他傾慕的對象，可能也因此誤解了你對愛的判斷。現實不從人願，你並不完美，你普通的外貌，一般的家世，怯懦於被拒絕，做不到慷慨無私，細數這些無力造就的絕望之處，就像在心上豢養了一頭自我厭惡的幼獸。

當然絕非全都不如人，一定也有部分特質與之吻合，你的腦袋靈活、才華洋溢；你有毅力，也有顆細膩的心。這些曾被他人肯定的地方，成為你茫茫人生中的一束救命稻草，讓你唯一可以確認自我的價值，卻也為你的性格埋下了自戀的種籽。

一顆早熟脆弱的二十一世紀梨，在很年輕、尚不諳世事的人生階段就初嘗了愛情的滋味，卻也患得患失，害怕自己有天突然就不被愛了。少年維持著他的煩惱，心中的那頭幼獸也就跟著長大了一些，等到該來的日子終於來了，你遂以為都是因為自己不值得被愛了。

幸好青春的失敗都不算真的失敗，你還有機會再爬起來。到了某個人生階段，開始陸陸續續被明示暗示你該成為什麼樣的人，無論是父母師長的教誨，又或是媒體對成功形象的頌讚，漸漸自己也這麼認為，把愛與被愛視為一種等價交換，誤以為只要提高自身的社會價值，剩下的全屬對象的問題，只要在眾多選擇中脫穎而出，被對的人選中就可以了。只是你沒注意到，你愈看重自己，那株萌了芽的種籽就愈往心底扎根。

可是努力了這麼久，你終究還是不被愛。

你不知道是哪裡出了問題，明明自己已經變得這麼好了！你將一切罪咎遷怒於離去的戀人，責怪她不懂得、不值得。但你依然痛苦，頓時覺得此生失去了目的地，自戀與自我厭惡開始混亂，你找不到評價自我的方式，世界正在分崩離析。

其實那是因為我們都一樣，沒有人天生就懂得愛。

人類之所以為人類，在於心靈會尋求存在的意義，但並非一直如此理所當然，以較遠的距離來看，在不久前我們都還只是一群剛脫離猿猴的智人，幾千萬年以來在彼此身上找到的不只蝨子，更是生命的任務、活著的終點。為了追求配偶，為了繁衍後代，功成就能身退，這些遠古的始祖記憶說不定藉由遺傳物質一代一代傳下去，一直潛藏在我們每個人心中，甚至我們成為現代人的模樣不過幾世紀，自由戀愛更是只有幾十年的歷史，可以說是一瞬間，我們就從求偶跳到求愛，對於愛就和剛已知用火的原始人沒有什麼不同。

所以，即使與生俱來的天性讓我們知道愛很重要，但在愛的面前，我們既渺小又愚昧。

幼年時從親屬那獲得安全感，讓自己以為愛就是無怨無悔的包容。少年時則學會了必須滿足大人的標準，討好對方的要求，來證明自己值得被愛，我們混合這兩種方式來處理成年後的人際關係。

缺乏擁抱的小猴子，在長大之後會變得易怒不安、攻擊性強烈。父性或母性角色若是失衡，這種愛與被愛就會變成施虐與受虐的形式，把自己投射為缺席的一方，將滿足自己的需要錯認成愛，或是誤以為無限的接納就是被愛。

受虐的一方成為了相信愛能渡化人心的聖母、聖騎士，隱忍原諒甚至忍受折磨，即使遇上一再不忠或暴力相向的伴侶，也認為都是自己的使命，像殉道者甘願犧牲奉獻，藉此獲得心靈的昇華。這樣的人無非是自我厭惡的。

施虐的一方變成了認為人心可以改造成愛的父權獨裁者，要戀人臣服於自己，以自我為中心併吞對方，膨脹自己，認為自己做的都是最好的選擇，也因此沒有罪惡感，從未將對方視為同樣有血有肉的個體。這樣的人肯定是極度自戀的。

自厭和自戀看似線頭的兩端，其實正是相依相生，一個樂於對感情施虐的人，同時也可能是其他情感的受虐者；反之，一個自討苦吃的人，也可能習慣在別的地方施加痛苦。而當代文化也持續強化這樣的價值觀，把愛視為一種交易互惠，也讓聖母與渣男相處起來是這麼天生一對。

當代文化的另一個問題便是，物質消費填滿了生活的空虛，卻也讓人習慣用商品的眼光來看待他者。漂亮的包裝與通俗的內容成為最具大眾價值的代表性，因此我們可能誤以為一個人是否有吸引力，仰賴身體款式或外在資本是否時髦所決定。

比起性無能，其實更多人是愛無能。

正因為是家庭與社會刻劃了給我們的信條，人並不會意識到自己走在多麼錯誤的道路上，或者明知不可以卻無法自拔，唯有重新改造認知，在每一次的愛中為自己建立尺規，受虐者必須要對自己有信心，不因自身焦慮錯估判斷，終至道別也能獨立生活，就像一個母親放手讓孩子走出庇蔭；施虐者則要以耐性與容忍取代威脅與勒索，要接受自己被否定，從專橫的王位走下來，就像一個父親放下家中大權，將之賦予孩子。

最重要的，不該商品化自己或他人的價值。別把生命視為一種投資，覺得有付出就該有所得，有虧欠就要有所償還。人與人的關係本質在於合作，而不是一場零和賽局，遠離那個不斷消磨自己的人，要的應該是互相成長，當兩個人都認為另一個人的故事與自己的相同重要，這才是愛的開端。

太多時候我們以為自己在等待一個答案，或一個讓現實好轉的契機，事實上我們只是被動。如果不提出問題，怎麼會有答案？我們就是接受現實，然後腦補一個理由。愛是一項積極的行動，即使最終不是自己，也發自內心給予祝福，絕非為求公平互惠所驅使，愛本身即是原因，也是答案。

現在的你終於認知到，自己要的不是零點五加零點五等於一，而是一加一大於等於二。

一個人倘若必須依附著另一個人而活，無法擁抱自身的孤獨，那麼他也只是在利用他人作為對抗寂寞的工具，懷著隨時可能會被拋棄、被蒙在鼓裡的不安全感。每個人都要自己先是完整的一，殘缺的部分，不能藉由他人補上。相同地，如果遇到那個不斷消磨自己的人，將自己從一削成幾分之幾，就該好好思考這段關係。

如果遇見一個人，你們之間還是完整的自己，但是又能從對方身上得到超出於自身的力量，互相學習、互相成長，即使失去這段關係，依然有所獲得。你說尋找愛，就是尋找繼續存在的意義，那是因為如果有什麼是重要的，你會更想好好地保護自己的明天。

者生南
世
厭求指

你以為的人生意義有沒有可能再通往另一個意義？例如愛或是幸福，試著追尋源頭才能更清楚抵達的方向。多數人以為愛是一種本能，無須學習，只要變得成功、變得可愛就等於可以被愛，把愛當成一種互看對眼、各取所需，卻從未想過愛也有能力之分。

曾經 我想要成為 最出眾的人

從小到大被人們鼓勵著要成為菁英，教的從來都是如何成功的方法，

但是沒人告訴我們，面對夢想破碎時該如何修補自己？

曾經想要成為最出眾的人，可是不知道為什麼全部背道而馳，落入了一無所有的深淵裡。

那時候我有愛人，有一份理想的工作，因為年輕，還有力氣編織巨大的願景，可是進到這個社會才知道太難了，不是所有的事靠努力就能達成，於是，從凡事都要追求盡善盡美，變成了至少要有一項做到功德圓滿，可以讓自己獲得他人的肯定，感覺到自己在這社會上的價值就好。

一直都知道自己會寫、能寫，只是沒想過我也只剩寫這條路了。

畢業之後不知道該做什麼，編輯這一行大概是我想過最能夠施展所長的。第一份工作是在網路媒體，但公司放牛吃草，無疾而終，第二份是一本來自日本的街拍雜誌，承載著我年少時對日文雜誌的愛，我幾乎就要相信自己可以永遠走這一行。

作為一個社會菜鳥，總自我期許不要成為一個功利至上、只看錢做事的人，被滿腹的情誼與理想沖昏頭，另一方面也是誤信小人，不曉得那些略施薄恩都只是緩兵之計。日本老闆才帶著四十多萬就來臺創業，別說公司成立的行政費用了，幾乎是印完第一批雜誌，基本上就是處於找錢和沒錢的輪迴之中。硬著頭皮撐了一年，薪餉斷斷續續發放，幸運是準時全額，時常是一個半月至兩個月還給不到一半，就這樣時有時無，被拖欠了又無力討取，怕走了就一無所有。

直到累積了十幾萬，才終於跳船求生，明白了薪水為何是水，原來真的會付諸東流。

這種疼痛的感覺全都是自討苦吃，那個胸懷一堆社會理論要與威權抗爭的青年，換成自己遇到慣老闆時竟也不知所措。巨大的經濟壓力籠罩著自己，彷彿天就要垮了，但又拉不下臉向誰求救，情緒自然糟糕透頂。回想起來，身邊最親密的人選擇在那個時期告別，並不是因為我沒錢，而是我窮到連溫柔都不剩。不知道自己的未來會在哪裡，又怎麼能讓別人相信我們是有未來的？

失去工作、失去愛人、失去夢想、失去快樂心，同時也遺失了最重要的人生目的。一個人在陽臺不斷抽著菸，虛度好幾個漫漫長夜。每一次都想放聲大哭，卻流不出眼淚，總想起大人曾教誨我，哭泣是羞恥的，別輕易攤開自己柔弱的一面，不該讓世界知道我悲傷。可是倘若我傷心，這世界沒有人看到，那我可以傷心嗎？又如果沒有人知道，那我的傷心有意義嗎？

這種無助感遂持續蔓延，開始如荊棘般纏繞整顆心，最後捆住手腳，動彈不得，無論眼前的路是否展開，也只能待在原地，做什麼都失去活力。遇到自己喜歡的人事物，在全心全意投入前就轉身逃跑了，與其說畏懼對方失望，更像是深怕對自己失望。沒有希望就沒有失望，不曾開始就不會結束，那多像是一種保護自己的方法，卻是一踩就碎的蝸牛。

愈被提醒這個困境有解決之道，我就愈深信自己無能為力，整個人的尊嚴落得比塵埃還低，那麼，最後的問題就只剩下「要不要自殺？」這樣的退縮決定，也可以說是完全放棄了人生其他的可能。

為了擺脫這種無力的自卑感，想像自我的消失能夠昇華成一種力量，不是成為一把利刃插在所憎的人身上，就是希望所愛之人能夠再回頭看他一眼。

很久以後才再次翻閱了當時寫下的文字，那樣的不堪與不甘心像是一頭凶惡的怪物，齜牙咧嘴向我展示著牠製造的傷痕，把痛苦當成豐功偉業。怪物從自己的身上長出來，又將我吞沒。我是多麼想殺死我自己。

這個時代為每個人開了很多窗、很多鏡，讓自己從中看見好多資訊，以為自己很懂政治或哲學，徒有知識與理想卻無能為力改變自己的宿命，因為沒有好的成就感，沒有健康的依戀關係，也沒有無條件接納自己的家。我們每天只得滑手機填補無聊，卻像在櫥窗前看一個個精心布置的商品，永遠覺得自己不夠好，什麼都比不過別人，於是也只把好的一面放上去。透過玻璃，什麼是真的？只有無力感是真的，又必須壓抑自己，因為沒有別的辦法了，不知道自己能做到什麼，又為何而做？

從小到大被人們鼓勵著要成為菁英，教的從來都是如何成功的方法，但是沒人告訴我們，面對夢想破碎時該如何修補自己？失去重要的東西之後該如何繼續？或許正是因為如此，才會被欺壓這麼久了還在戀棧，其實自己是在逃避夢醒的那一天。

「我並不知道眼淚是什麼東西，因為那時我住在逍遙自在的王宮裡，那是個哀愁無法進去的地方。」我想起奧斯卡・王爾德筆下的這一個故事。王子在世時只待在宮廷裡，享受榮華富貴，毫無煩惱，被稱為快樂王子。直到去世後，人們將他打造成一座城市最高的雕像，這座快樂王子雕像有了日曬雨淋的經驗，也終於看見黎民百姓的痛苦。

我曾經對自己多麼驕傲，從來不明白跌倒再站起來這有什麼難的？直到自己墜入了谷底，才開始能夠明白失敗者並非全因為他們資質駑鈍或好逸惡勞，有的可能是一時厄運招來，有的卻是根深蒂固的結構性問題。反倒一路順遂的人卻時常表現出缺乏同理心的樣子。因為處在完美之中，只會讓自己看不見更多東西。

大人口中的成功者永遠都是少數，沒有人能夠永遠完美，學習失敗才是人生最重要的課題。與其給予重要的東西要我們好好珍惜，握得愈緊愈弄痛自己，更重要的是，教我們在失去重要的東西時該如何撐過去，學會放下。

我仍然迷惘自己的模樣，知道生命本就毫無意義，所以可以成為自己所想要成為的人，可是如果我做不到呢？走在自己所創造的旅途，卻永遠抵達不了目的地，這是否屬於一種絕望的反抗？然而頓失所依，又會歸於虛無之中，所以無論如何，我只能想方設法地一直往上爬，同時帶著這種模糊自我的態度。

很多問題我自己也沒有答案，我知道那裡不會是最高的地方，也不會是最快樂、最舒服的地方，但我就是只能往上爬，不需要意義，因為我本來就一無所有，自然也一無所失。

最後，好像應該要寫個什麼勵志的結語，但我一向都不希望人們把他人故事當作自己人生的勵志對象，因為說不定，最後我還是失敗了，淹沒在茫茫人海裡，但請記得我不是誰的領導者，我只是一個和所有人都一樣，曾經渴望成為一個更出眾的平凡人而已。

厭世者求生指南

人生的意義是為了成為一個成功者嗎？如果是，那大多數人都會先嘗到失敗，這是必經的課題。然而比起那位萬中選一，你已經看見更多東西了，正因為經歷同樣的失敗，所以懂得他人，更知道你不是獨自一人。

⊕文章標題借用自美國歌手貓女魔力（Cat Power）的歌曲〈The Greatest〉，其歌詞寫道：「Once I wanted to be the greatest／No wind or waterfall could stall me／And then came the rush of the flood／Stars of night turned deep to dust」（曾經我想要成為最出眾的人，任疾風飛瀑都無法阻撓我。然而奔騰的洪潮襲來，星辰在黑夜中化為塵埃。）

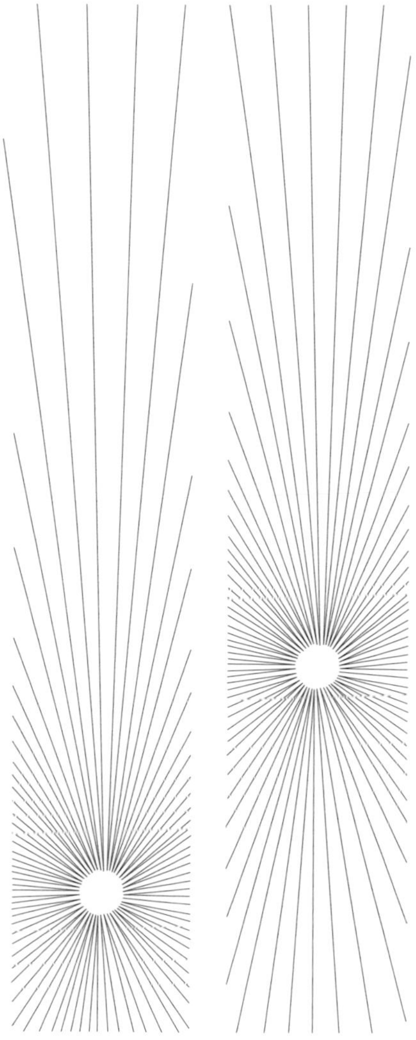

Vol.2
第二信條

追求快樂 的人

從小就被教育著不該浪費，必須要作出最有利的行為，
我們也因此對「吃虧」太過擔憂害怕，常常強迫自己看完一齣歹戲拖棚的愛情故事。

也許此後每一個不甘心的時刻，都能想起這段被辜負的青春，
未來即使明白愛上的只是火焰，也知道自己不再是一隻飛蛾。

每一天都要快樂

對於自己平時的獨處生活，倒也並不覺得異常難受，
除了有時看見，會羨慕起別人的歡樂與幸福。

曾經想要成為最出眾的人，在網路時代成長的我，自然也希望自己能夠在這片虛擬的土壤開花結果。過去學生時期喜歡記錄穿著，寫寫部落格，出社會後熟悉媒體產製，對於這領域還算得心應手，辭了工作後，遂把經營一個自己的平臺當作實現自我的方法。

只是，真的全心全意投入了，反倒覺得卡關、無法突破，也撐不下去。那時候就像將一切賭注全梭了，努力了這麼久，一切深愛的事物終成泡影。

這個時代喜新厭舊的速度非常快，前一刻我還在籌備內容網站，下一秒人又聚集在社群平臺，不久之後，影音頻道再取而代之成為主流。即使我的作品小有所成，卻曇花一現。

做流行的主題，還要擔憂可能會不被認同，既不能落伍，又不能走得太前面。當自己想呈現的與觀眾想看的有所落差，矛盾便隨之而來，尤其當愈來愈多人關注，伴隨而來的責任也會愈來愈重。

遇到熱情的讀者給予正面回饋，一方面，我衷心感謝這些支持我的人；另一方面，卻也讓我感到焦慮，時常懷疑自己真的值得這樣的肯定嗎？所有盯著自己看的人不見得都帶著善意，被某些人喜歡的原因也會是另一些人討厭的理由。

愈想要自己被看見，就必須把真實的自己藏得愈深，必須要迎合潮流、取悅群眾，卻絲毫感受不到快樂。就如沙特所言：「他人即是地獄。」儘管努力去證明自己的能力，那些自卑之處又彷彿從來沒有消失過，儼然一個辛苦遮掩的傷疤，他人輕輕一碰就直戳痛處，像不斷被提醒：「你的所有付出都是在浪費時間。」

自戀的人怨天怨地，怨才華不能當飯吃，抱著懷才不遇的憤怒，成天覺得被社會輕視。但對當時自信已經磨滅見底的我來說，卻是每日懷疑自己連吃飯的才華都沒有。我知道是金子終會發光，可要是一直沒有發光，是否就是塊破銅爛鐵？

不完美的完美主義者，心裡始終藏著一個永遠覺得不夠好的自己，所以才一再追逐著圓滿的幻夢，直到成為籠子裡一隻不斷被電擊的狗，無論如何壓桿，逃不出去也無法停止這般疼痛，最後，牠臣服了，門開不開都不關牠的事了。

我被這種習得性無助感所籠罩，在那段時期又再度墜入深淵，工作不順利、生活沒有依靠、沒有好的人際關係、戀情一再失敗，有人說一個人的悲劇不在於輸了，而是他曾經差點就贏了。總覺得自己最好的日子已經過去，接下來都不算活著，只是在殺時間，或者在等時間殺了我。

約翰．藍儂說：「上學以後，他們問我長大後的志願夢想是什麼？我寫下『快樂』。他們說我沒搞清楚題目。我告訴他們，是他們沒搞清楚人生。」偶然間讀到這則網路流傳的小故事，像一記當頭棒喝，恍然大悟，原來是我沒搞懂人生嗎？

於是我問了問其他朋友對於人生的想法，雖然迷惘的不占少數，但認為想做的事就去做、想見的人就去見、活著就是享受生活的也大有人在，那或許自始至終都是我庸才自擾，把存在的意義複雜化了。

曾經以為自己毫無選擇地出生，直到死亡一切都遁入虛無，如果沒有出人頭地、為人知曉，終究會被世界遺忘，這些存於個人的經驗將化為烏有只不過遲或早，一切終將沒有意義。

如今看來，也許是我把問題反客為主了，將他人的經驗看得比自己重要，又錯誤地解讀因果，不是因為生命終會消逝，所以要努力不被忘記，而是死亡本身就是不變的結果。活著的時候不該追求虛無縹緲的歷史定位，反而要及時行樂，活在當下。

「及時行樂，活在當下。」這真是一個老生常談的格言，我怎麼會直到出社會多年才領悟這個真理？淺顯易見到幾乎忽視了它的存在。會變成這樣是我害的嗎？我不想再落入自我責備的陷阱了，好像只要迷茫的人將一切罪愆攬在身上，這個社會就可以冷眼旁觀，這太不公平了，對於那些已經虛擲的青春也都過於廉價。

XXXXX

有部日劇《寬鬆世代又怎樣》，指的是一九八七年後出生的日本人，因為實施課業減量和週休二日，總被認為競爭力不足，因此稱為寬鬆世代。而對照臺灣，一九八九年出生的我，在國小時也經歷過從只休週日，到隔週休二日，然後才變成現在的週休二日。

雖然休假日是比過去多了些，但看看現在的學生似乎也沒有感到輕鬆，每天依然有著全世界最長的上課時數，更遑論放學後的補習時光。我們這個世代已經投入太多心力學習了，卻仍時時被社會、被上一個世代認為缺乏競爭力。

上一輩認知到時間愈來愈少了，年輕人擁有的選擇和機會，他們都沒有了，一生已經過去，又對重新使用完全不同的生活方式感到絕望，這樣的人常常透過對下個世代的厭惡和輕蔑來表達對自己的失望。

「你必須非常努力，才能看起來毫不費力。」這句流行語根本是種諷刺，不該被奉為圭臬。我們這一代人都像鴨子划水，水面上悠悠哉哉、輕輕鬆鬆，下面的腳卻拚了命在擺動，明知如此，卻還是沒有人能拒絕當一隻鴨子，直到默認這種規則就是做自己，但其實我們都活在群體的注視下，陽光普照，無處可躲。

偶然看到一個日本的街訪節目調查這個世代的年輕人最厭惡的事

物，排行第一的竟然是「在社群網站看到他人過得好」。的確，這個現象是有社會科學基礎的，一九五四年就有心理學者提出社會比較理論。我也相信，對於自己平時的獨處生活，倒也並不覺得異常難受，除了有時看見，會羨慕起別人的歡樂與幸福。

過往經營媒體網站的實務經驗裡，如果純粹只將社群平臺當作新聞發布處，觸及率和讚數肯定糟糕，相反地，為什麼網路名人的社群可以這麼活絡，甚至幾個媒體同業的社群編輯也都跟著享有高人氣？我得出一個結論——因為人始終還是喜歡和人對話，而不是機器。

每個人都需要從互動中找到自己的存在感，我相信我們並不是一開始就直接認識到自己是誰，而是從否定一個個不同於己的對象開始，例如什麼是「人」？貓不是，狗不是，猩猩很像但不是；什麼是「我」？你不是，他不是，爸爸也許很像但不是。我們透過差異去得到一個暫時一致的定義，所以想要過什麼生活，往往也都是從一個個不想要的拆解得來。

也因此，除非有客觀數據，否則我們很難不依靠比較來為自己評價，而這個過程往往又是從否定他人開始。

然而社群時代為每個人開了好多扇視窗，往往又只能看見好的、美的一面，資訊明明不對等，卻因為量大被誤認可靠，於是我們打分數的標準失靈了，不是否定弱者，就只好否定自己；時常覺得不如人，但在社群的凝視下，又必須不斷深藏，最後把自己給丟失了，宛如一艘船下錯了錨，定在茫茫大海，靠不了岸。為了看起來和優秀的人一樣，為了要偏差的人看起來和我們一樣，我們創造了對異己、敵我太敏感的社群文化，終致過敏，都是自討苦吃。

所以這也是我反省的地方，如果我順應著網路潮流，只是一味地對自己隱惡揚善，這般光鮮亮麗的一面，對他人卻可能是無形中的一種壓迫，同時對自我也是壓抑。不要追逐別人眼中的自己，自己的眼中也不要追逐別人，做一個寬鬆世代，也要懂得寬鬆一點看待世界，尤其是下一代，不然倚老賣老的年齡歧視也只是一再複製。

美國前總統小羅斯福曾說過：「比較心，是偷走快樂的賊。」一個人有可能本來就是快樂的，卻不自知，反而因為觀看他人有某種幸福，而自己合理該有卻沒能擁有，產生一種相對剝奪感的錯覺。硬是要追逐什麼，結果所有的人都像旋轉木馬一樣，不斷地追逐，又不斷原地打轉，陷入集體無止境的循環，直到一匹木馬壞了再換上另一匹。

我若要奪回快樂的狀態，就得先從放下「比較」開始，大方坦承自己的不美麗。這也等同於，我要快樂，就必須要徹底移除原本支撐我十幾年的人生意義，「成為一個最出眾的人」，而那同時也是整個社會追名逐利、競爭地位的價值觀。

正是因為知道了彼此的路終將不同，所以不再注視著誰，不再強求誰的目光一定要留在自己的身上。我決定要成為一個追求快樂的人，快樂地活，快樂地死。

者生南
世
厭求指

快樂很重要，卻在失去之後才會發現。你不想努力了，要成為一個快樂的人，但如果沒有放下比較心，依然會迷失在爭寵的時代裡，老是誤認別人過得比自己好，其實只是沒有看見他們真實的樣貌。

⊕文章標題借用自臺灣樂團 Deca joins 的歌曲〈快樂〉，其歌詞寫道：「憂鬱的白痴用最廉價的方式讓生活不停滯／用最廉價的方式讓生活不停滯／每一天都要快樂」

別再帶著忿恨回頭看

出了書前後有什麼差別嗎？

我都說其實沒差，不想著墨在那些收穫上。

陷入無能狀態的那一年，睡眠總是來得很晚，時間卻又很長，一天一下就過去了，什麼都提不起勁。人們說愛的反面是恨，快樂的反面是憂鬱，但我會說其實是無聊、是什麼感覺也沒有。本來喜歡的事物突然之間找不到意義，就像追著列車的狗，明明追不到卻還在追著，即使真的追到了也不知道要做什麼，人生彷彿無法再努力尋找其他興趣了，剩下就是盡可能地活著，為了不讓父母親傷心。

一個人住，沒有固定工作場域，脫離了同事這層人際關係，生活就愈來愈失去語言。無話可說的時候我就書寫，那是碩果僅存的出口，而且不需要被人干預，批評指教什麼的我都不用在意，書寫是和自己對話的工具，寫不出來的時候就看書、看電影，把自己沉浸在美好的故事裡。

那段時期，社群平臺常常發了又刪，也沒有特別想要或需要聯絡的人，孤獨，遂成為我最舒服的姿態。不再從別人眼中映照自己。「我要多瘦或穿什麼衣服才能被喜歡？」、「我發表的有人按讚嗎？」、「我這樣的人能被期待嗎？」變成「我喜歡我的裝扮嗎？」、「我有好好寫出自己的感受嗎？」、「現在的我還可以嗎？」從每一次和自己的對話之中，更加認識自己。

我將所有的困境逐一清點，就只是把問題列出來，以及它們後來帶給我什麼感覺，沒有刻意尋求解答，也沒有什麼對自己的激勵喊話，非常厭倦了一再陷入自責自厭的漩渦，所以，哪怕是檢討改進這種被稱為「有用處」的部分都沒有去思索，就純粹誠實地面對挫折，把心裡抽象的迷霧捕捉起來，凝結成詩。寫著寫著，想著想著，有天再回去讀就突然通了。

正因為如此，才覺得快樂格外重要。一般人的享樂主義，放縱自己在吃喝玩樂之中，而我即使投身至此也無從品味，能接收到的愉悅就是這麼少，就算處於喧囂的人群裡，時常仍會萌生一種格格不入的感覺，我不知道自己在這裡幹嘛。所以，要是能夠讓我感到任何的慰藉，一絲也好，我都宛如抓到救命稻草。

後來的故事簡略說，我嘗試把詩作發在批踢踢實業坊的詩板上，漸漸收到不少迴響，由於在那個地方我名不見經傳，也就說服了自己，讀詩的人是真的喜歡我的作品。之後幸運地，出版社找上了門，前一年特別失落的其中一個原因也是曾有出版社聯繫過，最後不了了之，這一次彷彿希望再次敲叩。於是，卸下了過去時髦顯眼、光鮮亮麗的面具，赤裸地以「我們都是自討苦吃的人」之姿，重新與這個世界問候。

這段黑色的經歷如果有任何一點體悟，那大概就是把自我和專長綁在一起是很危險的，不要將最能獲得成就感的事完全當作自己，那可能是工作，可能是才能，可能是信念，也可能是外貌，甚至是網路世界經營的一切，我所喜歡的人事物。那些雖然都是我的，但都不代表我。沒有什麼不能放棄，永遠都要有後路。

唯有如此，失去它也不等於失去自己，即使選錯了，人生也不會因此毀於一旦。我在進行第一本書的那段時間裡，同時也找了一份正職工作，可能是當時的自信早已掏空，並沒有認為出了書，從今以後就能夠發光發熱，只是覺得終於留下了什麼，那麼接下來的人生就順其自然、且戰且走了。

直到現在可以說，即使寫作目前是我最專心致志的事，社群網路上的追蹤者也成了過去的好幾倍，但始終抱持著隨時可以關閉、離開也沒有關係的態度，心裡仍舊考慮了好幾個備案，有一天再也寫不出來，或者我的文字再也沒人讀了，我還會是我自己。

時常會有人問我出了書前後有什麼差別嗎？我都說其實沒差，不想著墨在那些收穫上，因為我希望不要以結果論來看，過程才是最重要的。要是我不曾獲得現在作家的這張標籤，而是平平淡淡、窮極無聊走完一生，也不因此感到匱乏，至少我沒有選擇臣服於絕望。

所以，我不再相信那種破釜沉舟、放手一搏的神話。當看見他人成功的模樣，反而容易忽略那些取捨的經過，更怕是錯估自己現在的精神能耐，然後，孤注一擲，什麼都賠上了。

畢竟我只是比較幸運的一員，對文字的敏感度也是過去資本的累積，我的經歷對其他人而言沒有什麼幫助，但也許可以給予同樣正陷入這種無能失助狀態的人一些具體的建議。

最基本的是經濟要先獨立，這很現實，在這資本主義社會，什麼都需要錢，三餐要錢，居住地要錢，連要去賺錢都得先付出一些成本來借用生產工具、交通和工作服裝，甚至生命的價值都可以用金錢量化，像是壽險和理賠。這種文明制度確實有不合理之處，但不是這個階段可以對抗的，因為儘管要反抗，也都有代價要付。

一個人若真的一無所有，為了先取得生存的保障，仍然需要先仰賴家庭、社區或朋友的支援，也是對於融入社會的適應，不過並不能將其視作最終的歸屬，要是還能額外有些儲蓄，支配自由的空間就更大了。獨立，才可以找回尊嚴，倘若總是要依賴另一個人才能生活，更別提想要掌握自己的命運了。

再來是尋找心靈支柱，那並非成就大的自己，也可以是小的自我實現。心靈的支柱無分格局大小，只要是可以從中獲得成就感的事物，也許是學習技能，也許是手工藝創作，也許只是簡單的居家整理、打掃環境，一點一滴去完成它，這些微小且確定的成就感可以讓自己找回信心，重新相信也有只要努力就能獲得回報的真理。

最後，培養自己的力量，也就是以上這兩件事的持續行動，並且行有餘力去體驗世界，整理自己的人生。當一個人能夠用新的視角去審視過去的故事時，他就有辦法改寫事件後續的影響，成為這段生命敘事的主宰。反之，若僅是反覆陷在受害者的位置，就會受制於創傷給他的鎂光燈，沉溺在這段過去說給自己聽的故事。

如果沒有培養起自己的力量，是沒有辦法愛人的，只是希望被拯救而已，那樣的話，悲喜都取決於對方的行動，在愛裡，整個人的主體性就消失了。希望一旦破滅，宛如面臨沒有退路、不得假釋的刑罰一樣，為了逃避絕望，什麼可怕的事都做得出來。

不要害怕孤獨，但也不能陶醉在一個人的自憐中，更不該習慣了黑夜，就為黑夜辯護。勇於離開那些不斷消磨自己的人事物，圈子不同，不必強求。把自己準備好，愛人亦是被愛，誰來或誰走，都在路上，不卑不亢。

厭世者求生指南

找回快樂的第一步就是建立自尊，培養起自己的力量。經濟獨立，從小事獲得成就感，那關鍵在於自己，而非把期望加諸於他者。一個人的力量唯有出於自身，才會相信有辦法主導往後的人生。

⊕文章標題借用自英國樂團綠洲（Oasis）的歌曲〈Don't Look Back In Anger〉，其歌詞寫道：「So Sally can wait／she knows it's too late as she's walking on by／Her soul slides away, but don't look back in anger I heard you say」（莎莉還是在等，即使她知道太遲了、已經錯過。心逐漸消磨，但她說別再帶著忿恨回頭看。）

及時行樂，活在當下

快樂與否，不再是因為愉悅的現狀，而是和想要的生活有關。

「人生的意義，那是吃太飽，閒閒沒事才會去煩惱；每天為了工作賺錢，休息都來不及了，怎麼還有時間想這個？」某些人老愛這樣討嘴。

其實會想的就是會去想，即便被這樣挖苦，反而還會站在這個人的立場，詰問社會到底是如何把他變成一具勞動機器？倒是如此人這般不去思考的，即使有天運氣爆發、一夜致富，腦袋也依舊不會運轉，大概只會沉迷在物質享受上，成為飽食終日，無所用心的人。

我承認人沒有錢不可能快樂。「錢不是萬能，但沒有錢是萬萬不能。」這話雖然老套，發生在自己身上才深刻體會，就因為過過窘困的日子，知道在那樣的狀態下不太可能找到任何愉悅的情緒，活得愈久，就覺得虧欠的愈多，如果沒有扛住壓力，整個人都扭曲了。

但有錢也是真的不一定快樂，所以要把握只需要用錢就可以買到的快樂，因為未來這種感覺只會愈來愈少。隨著財務穩定下來，也累積了一點消費能力，我快樂的程度卻沒有隨之增加，所以只好反覆追求更新鮮更刺激的體驗，好還要更好，多還要更多，我感覺到自己再度落入某種審美標準的窠臼，於是了解到自己的人生，有錢沒錢是一回事，有沒有方向是另一回事。

起初，我以為重點在於「離苦」與「得樂」，遠離讓自己煩惱的人事物，至於追求快樂，想到的就和一般人雷同：去做真正想做的事，去見自己想見的人，買自己喜歡的東西，要趁還來得及之前，把握機會。這就是「及時行樂，活在當下」。

一切看似合理，然而現實上，有些食物放在口中相當愉悅，但難以負擔的熱量會導致發胖，結果整個人更不快樂；微醺是好的，但醉到神智不清，隔天又動彈不得，顯然浪費的就比獲得的還多。無論如何努力追逐，快樂的感覺卻仍像霧裡看花，難以辨認，如同站在歡鬧派對，卻只想冷眼旁觀。「及時行樂，活在當下」這件事，或許並不如所字面上所想得這麼簡單。

所以必須要有一套標準，不能只是今朝有酒今朝醉。我用一種比較直覺的方式，即是決定做這件事之前，先考慮看看帶來的快樂是否大於製造的痛苦，後來才知道這種價值判斷叫做效益主義。

如此一來，「及時行樂，活在當下」就不單純是離苦得樂，而是只要整體結果是好的，有些事情便能夠先苦後甘。例如健身運動雖然辛苦，可是為了良好體態與鍛鍊運動能力仍得要做，因為獲得會大於付出；有想見的人，但對方並不見得願意，也得考慮到他的心情，一時的快樂可能換來此後兩個人的不悅，這種快樂就不值得去追求。

XXXXX

效益主義的作法在日常生活中確實簡單有效，甚至後來思考的範圍更從自己身上延伸到瞻望長遠後的時間，不僅要顧及群體最大效益，甚至放眼到整個大環境，那樣的享樂主義就不再是自私自利。

儘管如此，還有一個癥結需要解決——快樂的本質是否並不一致？某些樂趣因時地而異，某些樂趣更值得嚮往追求。好比兩天吃一次牛排與兩週遂有所差異；雖然同樣都花費了一個晚上，但閒逛社群網站和欣賞一部好電影，得到的滿足也不同。

我試著從自己的生活中分析快樂的來源，粗淺地歸納成物質與精神兩類。

飲食、排泄、睡眠、性慾、溫暖等，因為身體需要吸收養分、排放廢物，或是某種激素引發，為了維持穩定的生理運作而產生行動，我把這種視為物質的滿足。

審美、安全感、新鮮感、優越感等透過解讀現象或行為，能夠獲得精神的體驗，而且可以享有多重的感官刺激，譬如閱讀就能同時提升求知慾、文詞的優美以及同理故事角色的移情作用。

然而若再進一步想想，物質的快樂其實是透過移除痛苦而來，如食慾是為了解除飢餓狀態，飽滿後繼續補充並不會帶來更多快樂，然而延長飢餓卻會更痛苦，愉悅程度正好說明了缺乏的。一碗熱湯並不稀奇，但挨餓受凍好幾日後，就成了久旱逢甘霖。

也就是在這層意義下，痛苦都會先於快樂，人什麼都不做，會逐漸空腹，腦袋也會一片空白，正是這種空乏產生了滿足的慾望，驅使我們飲食、睡眠，唯有行動，才能離苦得樂，這才是真實意涵。

同理推論，精神的快樂也可以說是為了對抗無聊，但和前者不同的是，即便沒有獲得這些情感體驗，人還是可以好好地在愚昧和無趣之中生存，長期缺乏並不會死，有了卻能活過來。不像物質的滿足感與痛苦相依相存，而是獨立實有賦予我們快樂的感受，但也是基於這點，光是吃飽喝足、穿暖睡好沒有辦法完全充實人類的生命，我們還需要為活著創造意義。

所以物質的滿足有其極限，若要到達更高的快樂層次就要透過情感體驗豐富了人性，這也是許多消費行為得用更多文化性包裝，讓人感受到比物件本身更高的價值。甚至以長遠來看，追求精神終極的滿足就是驅動人繼續活著的目標，下列兩者便是一生所要追求的至高境地。

獨特是他我實現，從社會上獲得長期的精神滿足，被認同、被尊敬、被愛，並實質獲得了獨立或支配的權力，尤其這種特權不是多數人值得擁有的。

幸福則是自我實現，到這個階段，個體與社會儼然最終調和，內在人格與外在面具也就合而為一，不再產生衝突，安於自身角色，心靈平靜，無所欲求。

不過層次愈高所要付出的經濟或勞動成本也會愈高，穿制服和穿華服感受不同，花費也就不同。正是我過去追求成為理想的自己時所遭遇的困境，如果抵達不了高層級的幸福，投入都將慘賠出場。

長期陷入痛苦泥沼的我，給了自己「及時行樂，活在當下」這樣新的人生意義，可是倘若單純是「現在想做什麼，就去做什麼」，那就和「只要我快樂，沒什麼不可以」是相同意思，一旦堅持這套標準，就連藥物濫用、酒後亂性好像也不是不行，換句話說，只在乎快樂的人是很自私的，無需顧慮後果和他人感受。

因此才要在「追求快樂」再加上一套計算機，在行動之前先賦予一個取捨標準，還要擴大所關心的對象，才不致於淪為自我中心。把所有的快樂和痛苦攤開，一一檢視，正因為資源有限，慾望無窮，既然不能所有都達成，就得依自己的能力，理性判斷不同階段的我該追求什麼樣的快樂，而這樣的快樂勢必又要先付出多少代價。

那麼，快樂與否，不再只是因為愉悅的現狀，而是和想要的生活有關。一個縱慾於物質生活但是所費不貲的人，不見得是快樂的；相對地，一個不滿於現狀但是致力抵達想要的生活，這樣的人也可能是快樂的。

「及時行樂，活在當下」是最容易被誤解的一句話，和西方的青少年文化「你只活一次」雷同，原本教人珍惜時光，反倒成為揮霍生命的理由。效益計算的作法姑且能為行動加上尺規，不再是隨心所欲。雖然它仍有問題，但身處資本社會很難完全不用到這種思考。

有時不願失去的，反使你失去更多

愛著愛著就永遠，只是一種幸運，
又或者，設一個停損點，還可以換得一個不致於愈輸愈慘的自己。

我有一對情侶朋友最近分手了，雖然不是第一次，期間早已分分合合多回，所以我沒有太多驚訝，但這一次，兩個人似乎真的要永遠說再見了。

她跟他也共度了幾年的時光，即便是從速食關係開始，但認真定下來後，我確實也沒想到可以撐這麼久。一直以來都知道男方是一個熱愛自由自在的人，無論是感情還是工作，只要甜頭當前，絕對任性妄為，但他本質上並非是個以作惡為樂的壞人，相處起來也不會給旁人太大的麻煩，只能說每個人的道德標準不同，而他剛好在中間偏低，凡事會以自己的快樂為優先考慮。

從交往之初就不斷被善意提點他是個怎樣的人，和他過去那段不斷重蹈覆徹的歷史，女方仍像吃了秤砣鐵了心，毫無保留地犧牲貢獻，他每一次犯錯，她都願意原諒，甚至那和解的理由都像她自己給自己的。

她從前老愛說雖然當前的生活算不上特別幸福，吵架鬥嘴是家常便飯，一開始也不相信能夠過完一個月、兩個月，但到現在一年、兩年，都能堅持這麼久了，她堅持接下來的時間可以再通過考驗。而且彼此都年紀不小了，相信他會定下來的，她也沒有時間允許自己再找到另一個人重新一起生活。

她比他略長幾歲，其實長相、個性各種條件都不差，也有比他更好的經濟基礎，我不懂為什麼她總覺得自己的時間不夠？應該說我能理解，但當時不明白她放棄對抗的理由。後來才知道正因為我不是女性，始終站在自己的優勢地位俯視這一切，說起來當然簡單，但在這種無形的社會氛圍與家族壓力之下，很難獨力抗衡。「大齡剩女、敗犬、老妹」，尤其這類看似玩笑話的言詞，更容易不知不覺就潛伏進入了人生價值觀中，不僅提醒著時間之於女人的危機意識，甚至還讓這場危機更像是女人自己一手造成的。

他一如往昔地恣意妄為，這一次更特別狠心，連一個原因、一個藉口都不說就兀自斷了聯繫，行李收了，電話、訊息不接不回，人也隱匿在不知誰家。我看她大概早就心裡有數，沒有痴心等候，也不再委曲求全，畢竟連人都找不到，終於毅然決然斷得一乾二淨。

當然傷心啊，哪一次不傷心！她雖然輕描淡寫地說：「後悔自己借了他這麼多錢，現在當繳學費了！」但我們都心知肚明其實她說的是：「我給的愛，要不回來。」為他付出的那些青春、那些照顧與容忍，甚至那些物質上的幫助，現在反過來成為怨恨這個男人的標靶了。

雖然我認為追求快樂很重要，但只要結局能夠幸福美滿，那麼先苦後甘也沒有關係，反正幸福的總和仍然會大於痛苦。可是問題來了，我們沒有辦法保證一定會苦盡甘來，即使她辛苦地愛著他，和好這麼多次，也不能保證最後這一切都會有收穫，那似乎陷入了賭徒謬誤，總以為前面輸了三把，最後一回一定能夠翻盤。這種賭一把的思考盲點，便讓效益計算這件事不那麼準確，變成得看結果才能定論。

另一個在我們平時生活中也挺常見的思考盲點是沉沒成本謬誤，簡單來說，時間、金錢都花下去了，不能放棄也要把它做完，結果投入愈來愈多資源，仍舊無法回收。

常常逛街逛了很久，最後挑了一件自己也沒有特別喜歡的東西回家，只是因為來都來了；勉為其難地吃完不合自己口味的餐點，只是因為點都點了；唸一個自己壓根沒興趣的領域，但學費都繳了就讀完吧；和一個根本不適合的人在一起，但都在彼此身上耗這麼久的青春了，不如就維持現狀吧！最後結果卻只是一再驗證了——早知如此，何必當初。

俗諺說：「殺頭的生意有人做，賠本的生意無人做。」但事實證明不但有人甘願賠本，甚至衝動地愈賠愈多。錢至少丟進水裡還會有聲音，人們捨不得已經投入的成本就這樣沉默地沉沒，所以一再編織出種種成功之後的美麗期待說服自己，即使知道有極大的機率會血本無歸，仍然會相信那微乎其微的回收希望，做出不理性的選擇。

明知道崇拜的是火焰，再靠近下去就會燙傷自己，卻又不甘心自己曾付出的一切歸於灰燼，一而再、再而三地忍受疼痛，耽溺於明亮的幻象之中，最後終於付之一炬。追根究柢，功利社會本該要人們計算出最大的利益再決定是否行動，但人畢竟是人，不是機器，從小就被教育著不該浪費，必須要作出最有利的行為，我們也因此對「吃虧」太過擔憂害怕，這種強烈的厭惡損失反倒主導或干擾了決策。

常常強迫自己看完一齣歹戲拖棚的愛情故事，結果虛耗的不只是電影票錢和寶貴的時間，還多了滿腹抱怨與委屈。其實無論離席與否都無法退票了，唯一能做的判斷，就是好好地思考自己還想不想繼續看下去，而非鑽牛角尖在已經發生的事上。有的時候我們只是觀眾，但更多時候我們其實是劇中演員。不願失去的，反而使我們失去更多。

愛著愛著就永遠，只是一種幸運，當然可以選擇繼續堅持，以為還有一生可以浪費，那麼即使仍然爛尾收局，至少有好好看完，可以贏得一個沒有人能說自己半途而廢的虛榮心。又或者，設一個停損點，預料到未來沒有更好的命運，先中離了比賽。那麼，還可以換得一個不致於愈輸愈慘的自己。

一九六〇年代，民用超音速客機被視為未來趨勢，英法兩國也因此合作發展了研究計劃，然而途中卻遇到愈來愈多困難，甚至還有適應市場的顧慮，但兩國政府為了逃避浪費公帑的責罵，加上戀棧於預期的訂單，硬著頭皮地又投入更多資源。最後民眾的期望和挹注的金額愈來愈大，幾乎到了不可回收的地步。等到這款飛機真的開發完成，卻也不出所料地，以噪音汙染、飛機失事、維護保養開支昂貴等等備受爭議的原因，不到三十年即宣告退役。

雖然英法兩國投資的損失慘重，但開發的過程裡那些對於流體力學、超音速飛行的實驗，仍然為後來的飛機提供了寶貴知識。如果歷史可以提供我們借鏡，那就是過去的已經過去，頂多從中再找出一些可以利用的養分，還能算是最大效益。

雖然我的朋友未能在過去那幾次分分合合之際就懸崖勒馬，付出的時間和金錢也都成了一江春水向東流，但我衷心祝福她，也許此後每一個不甘心的時刻，都能想起這段被辜負的青春，未來即使明白愛上的只是火焰，也知道自己不再是一隻飛蛾。

厭世者求生指南

想對未來賭一把，又執著於過去的付出，這種對結果的高估和不甘白費的心態，往往影響了我們對現實的判斷。商業行為還容易停損，但人和人之間難以計量的，就更需要提醒自己，過去的已經過去，而未來心不可得，只能專注當下，勇於放手。

頭銜的戰爭

她是網美，他是覺青。
但每一個網美都一樣嗎？每一個覺青真的都是同路人嗎？

我出生在還須耗費一年時光服兵役的年代，在臺中成功嶺，在臺北象山旁的受訓單位，在沒沒無名、外島的外島莒光。前後輾轉去了好幾個地方，只不過心情是一樣的差，如果問我當兵學到最多的是什麼？沒有。但倘若我不曾當兵，大概從來不會認識這麼多形形色色的人。

有來自南部，早早就結婚，甚至當爸爸的；也有原住民，體能跟酒量成正比的，但更多是放棄升學被抓來當兵的成年新鮮人。這些不是刻板印象，都是親身經驗，相對不久前才大學畢業，身處一群文青、知青之中的我，當兵就像是場別開生面的冒險，與各種階級、族群共融的歷程。

始終都在自己小圈子裡的我，此刻才知道原來世界還有這樣的人。在男人堆打滾一陣子後，發現有一些人雖然素昧平生，卻似乎擁有相同的特徵和行為舉止，甚至到我進入職場後，同一類型的人更是層出不窮，好像他們隸屬於某種隱性族群或組織。

舉一些具體的行為，當兵時最常遇到特愛吹噓自己跟過哪個堂口，放假想找人打誰，不然就是自己有多會把妹，反正都是嘴巴說說，沒有人會知道他們說的是不是真的，但我猜大半是虛張聲勢。

出社會後認識的人一樣熱愛吹捧自己的權力，只是沒那麼原始，轉而以社會價值為重，自誇職場上的豐功偉業，不然就是老愛放大話，對宇宙下訂單，自認已經站在某種高度就使勁地對其他人指點說教，都是說為了你好，其實是滿足自己的優越感。

以前當兵少見女性所以很難察覺，出社會才會意識到這類型人真的是男性居多，我在想一方面可能是傳統性別教育上，男性被要求強悍、出眾的形象，因此他們處處存在競爭的焦慮，哪怕是面對沒有威脅的人也不甘示弱。

另一方面也可能是功利社會，一切創造都為了交換更好的利益，男性要成功，要有權有勢，女性要柔順可愛，所以也將商品的行銷手法、市場策略用在身上，義無反顧地最大化自己的價值。

我承認這樣的人是極具感染力的，社群時代更是放大了他們的表演空間，死命地把各種頭銜、身分、經歷貼在各個看得見的地方，就恨不得沒刻在臉上。這些標籤，原本僅是為了粗淺的自我介紹，如今卻反客為主，成為壯大自己的方式，彷彿每個人都是斜槓青年，不只是一種標籤，更是標籤中的標籤，把所有角色都匯集在一起，便以為掙得了這渺茫人生的一點獨特價值，但那定義之廣，更像是挑揀廉價餐點的自助拼盤。說實在，如果一份工作吃得飽，就能讓自己感到驕傲，為什麼還需要兼這麼多差，當斜槓青年呢？

說到貼標籤，如果貼自己標籤只是單一群人的自戀病灶，那麼貼他人標籤就是整個社會的集體歇斯底里。

這樣的人活在一個比較的時代，「膨風」至少人畜無害，但有的是真的相信自己懷才不遇，等到風向沒吹到他們那裡，就搖身一變成各種尖酸刻薄的小人，藉著貶低他人暗抬自己。

一個自大的人並不因為他有多完美，反而倒映出他有多厭惡自己的缺陷，所以才將僅存的尊嚴視如珍寶，其實是風中殘燭，一旦火焰留不住，自我就一無是處了。這種日漸高漲的生存危機，逼使他把火昇得更旺，可惜點亮不了黑暗，只得處處灼人。

要被人喜歡並不容易，但是討厭共同的人卻能將距離拉得更近，很多人也享受著隔岸觀火，覺得砲聲隆隆就像絢爛煙花一樣好看，直到自己也中了一箭，才意識到這到底有多不對勁。

標籤原是為了讓人簡單地認識差異，後來反卻粗暴地變成區分異己的工具。

現代人太過習慣直接將某些信念、特質或外在形象雷同的人分門別類，給他們封上標籤。她是網美，他是覺青。但每一個網美都一樣嗎？每一個覺青真的都是同路人嗎？有沒有可能是以偏概全，編織了一個虛擬群體，再把討厭的人往座位塞。也可能反過來，被攻擊的這群人又為另一群人貼上標籤。沒有人去拆解動機，不再就事論事，只要紮一個稻草人來打，就能享受那種矯正錯誤的超越感。

每當重大新聞事件發生，也可以看到民眾拚命地挖掘加害者的身分背景，並不是為了找出犯罪動機的脈絡，而只是想要為加害者貼上「非我族類」的標籤，他是單親，他是同志，他是宅男，她是拜金女……諸如此類，切割自己與殘酷事實的距離，為自己尋求一點虛假的安全感。

總歸來說都是因為語言的局限性，如果不去定義他們，就不知道怎麼表達這個人或這群人，造出了一個想像的共同體，射出了箭再畫上一個好大的靶，最後就只剩下這個靶，和靶裡眾多的箭孔。其實從未和他們在現實生活相處過，搞不好不真的認識這個人，但只憑一點線索，就可以投入想像，甚至去脈絡化地把槍口指向某些群體，而非某個結構使然。

我能夠理解是因為自己也迷失過，以為要順著社會規則走才能為自己換來出眾的凝視，以名片上的職稱、網路上扮演的角色來尋求真實認同，時間久了，標籤的重要性就取代了自己的名字。也曾經仗著學到一點皮毛知識，就把所有反對者都歸為支持同一種信念、的同一種模樣。太習慣以這種同一性的假象將人二元區分，反倒激化了和自己的對立。

大概是發現這麼做一點也不快樂，更害怕被當作一個騙子，說的話一旦出錯，成為醒目標靶的就會是我。關注的人愈多，就愈不知道他們對我貼上了什麼標籤。好的當然好，但不真實；壞的卻能製造重度傷害，從幾株病菌變成一場大病。

鋼鐵人對蜘蛛人說：「如果你沒有這身裝甲就什麼都不是，那你更不該擁有它。」同樣的，當我把這些頭銜都撕掉，我還擁有什麼？

那時候我都謔稱自己是橫槓青年，也就是用一條刪除線，把自己的標籤一條一條槓掉的人。我不是部落客，不是網紅，不是詩人，不是作家，我就是我自己。什麼意見領袖、權威代表，已經不再像過往那樣極度渴望認同，想要做某些事時不一定要被看見、被鼓勵，而純粹只是出於自己喜歡。

因為走在一起，就以為彼此在同一條路上，但其實都是暫時的，我們每個人都有自己要去的方向。

這是一個自我認同混淆的地方，總需要藉著什麼來區分他人、確認自己，最後連主體性都搞丟了，如果沒有了外在的威脅，我們還能夠清楚知道自己是誰嗎？我覺得什麼者啊、派啊之類的，把一些虛無縹緲的信仰背在身上，當作自己生而存在的價值也是很無力。重點應該是自己到底認同什麼？

沒有這些標籤，你也可以是一個很好的人。即使這些被攻擊，也沒有什麼可以損你這個人的好。

你是否看著他人的頭銜有過幾分懷疑？也對於自己的種種稱號曾有幾分心虛？你就快要走出這種分門別類、區分等級的遊戲了。曾經以為那是幸福和力量的保證，一張標籤換過一張，其實是我們都忘了，自己的真正價值並非兩、三個詞彙就能定義。

追太陽的人

即使跌倒了也願意接受這樣的結局，
這才是真正的勇於追夢。

我不想鼓勵人們一定要有夢想。

現代人擁有愈來愈多的資訊和管道，輕易就能看見那些勝利者的身影，同時也被積極鼓舞著，期待自己有朝一日也能跟隨他們的腳步，當一個夢想家。無論是網路名人或是成功的企業家，即便他們不是一開始就爬到這個高度，那反倒更好，為夢想成真提供了極佳的激勵範例。

這個時代搖旗吶喊，要人們勇於做夢、不要甘於現狀的意見領袖不是少數，最好能像他們一樣，獨立自主，堅持到底，站在過來人的立場，大方贈送免費的勵志體驗，彼此都從中享受著尊重與崇拜。也許是因為自己有了一點話語權也曾這樣推動著，等到自己也跌了一跤，才覺得赤裸地拋出這些言論實在有點不負責任，沒有獲益，願打願挨，也就對後果沒有義務，甚至太過簡化了自己成功的因素——只要努力、只要肯吃苦，我能成功，你也可以！

但其實很有可能，我們都只是比較幸運的人而已。成功的夢想家未曾遇到那種一夕之間就把自己完全擊倒，再也爬不起來的噩耗；成功的夢想家本來就擁有較好的資本，他不用擔心下一餐在哪，不需扶養沉重的家計，他出身之處更容易獲得知識和技術；成功的夢想家沒想過自己比他人更容易被看見；成功的夢想家遇到了比較善良的人；成功的夢想家也許做的事情和別人一模一樣，但就是被命運挑中，他成功了。

諸如此類，有太多夢想成真的因素都與努力無關，有的僅僅是先天上的優勢，或是機率問題，甚至可以說如果重新再來一次或者從他人的處境出發，他們也不一定成功。

有個真人實境秀《富豪谷底求翻身》就是為了證明美國夢存在，讓億萬富翁到一個名不經傳，也對他完全陌生的小鎮從頭開始創業，即使資本只有少少的一百美元，但藉著原先擁有對商業的知識與手段，故事的尾聲只差一點就達成目標。畢竟是節目，過程中仍舊充滿了許多美麗的機緣巧合，總括地說，成功，那還是需要運氣。

當然，我這麼說是否落入了一種悲觀無力感，好像多麼努力也不能成為理想中的自己？讓我慢慢把話說清楚，這並不等於我反對人們追夢，我反對的是站在一種高度去鼓勵。當這些成功的夢想者成為了人們嚮往的發光體，人們不見得也能夠看見其他同樣追逐太陽，最後卻失速墜毀的夢碎者。

XXXX

希臘神話有一則故事：一名少年名叫伊卡洛斯，他和作為工匠的父親打造了蠟製的翅膀，準備要飛離他們所製造的迷宮。父親提醒他飛得中規中矩就好，但年輕的心雀躍不已，立志要飛得快、飛得高、飛得漂亮，然而卻因為一心想要靠近太陽，最終融化了雙翼，墜落入海而死。

文藝復興時期的藝術家老彼得·布勒哲爾曾畫過一幅《伊卡洛斯

的墜落風景》，然而他筆下的伊卡洛斯卻只是遠方的一陣水花，大部分的畫面焦點是推著犁車的農夫、牧羊的童子，以及航行的船隻。英國詩人奧登也曾以這幅畫作了首詩，由余光中翻譯：「……眾人都悠然不顧那劫難，那農夫可能聽見了水波濺灑，呼救無望，但是不當它是慘重的犧牲……」

大多時候我們就是這詩裡的普羅大眾，當苦難發生在別人身上時，我們也許會察覺到，但並不真的重視，大部分的人選擇繼續過好自己的日子，對於飛翔者的失敗視若無睹，直到悲劇發生在自己身上，才知道自己不是獨自一人。

這就是倖存者偏差的思考謬誤，因為死人不會說話，所以大家只看見活下來的人，大大錯估了成功的要件或機率，就像鎂光燈只打在大明星身上，而那些過氣、不紅的一片歌手如過江之鯽，乏人問津。一將功成，忘了萬骨枯。

只由成功的人告訴我們努力就會有收穫，這太片面了，就以創業來說，大家都覺得當資方很好，成為事業有成的老闆、主理人多氣派，但根據統計，能夠撐過五年的創業者不到百分之一。所以如果不知道這個數據，就以領袖姿態一味教唆大家勇於打造自己的事業版圖，和直接鼓勵他們傻傻送死沒有差別。反過來隨意將他者人生當作自己的勵志對象也過於一廂情願，每個人的起點不一樣，運氣也不一樣，即使才能不輸人，卻可能因為些微的機緣而有了不同的結果。

況且，勇於追夢這件事多多少少也是資本主義創造出來的社會氛圍，在小國小民的地區，農民代代相傳田地，漁民之子還是漁民，甘食美服，安居樂俗。然而就像美國夢、北漂青年，有多少人的夢想不是大紅大紫，就是大名大利，只有在一個層層剝削、分配不均的社會，才需要一直刺激下層人民要努力往上爬。

英國廣播公司曾製作過一部紀錄片，用半世紀的時間跟拍十四個孩子，最後卻告訴我們一個相當殘酷但必須面對的事實——階級流動的可能性相當困難，富者恆富，貧者恆貧，因為能夠不顧一切追逐夢想本來就需要資源。

人沒有夢想，跟鹹魚有什麼兩樣？但我們不知道的是有了夢想的鹹魚，就要背負著被吃掉的風險。最重要的是資訊對等，不能只注意到舞臺上的耀眼明星，也要看見那些藏於布幕後的失敗者。即使跌倒了也願意接受這樣的結局，這才是真正的勇於追夢，而不是盲目地跟著口號往前衝。

所以築夢踏實，就要規劃好失敗的代價，如果夢想成為籃球員，那現在就該去練投籃；夢想成為作家，那現在就該去寫作；夢想買下信義區的豪宅，現在就該去計算未來十年要付的房貸。有太多時候我們抱著夢想就只是等著奇蹟出現，做夢是不夠的，重點是知道自己正在做什麼。

因為我曾經也做過很大的夢，可是最後卻成為翅膀燒熔的少年，在那個時候幾乎要將一切都賠上了，後來只求不抱任何期許，換取一個心靈平靜的生活。追根究柢，都是因為慾望超過了自身能夠掌控的範圍，盲目跟從而不明白自己的能耐。

現在的我已經知道了那道界線在哪，儘管一個人走在所選的道路上，能夠走下去也可以有放棄的勇氣，再也不會忘記要留著後路。因為夢想只是過程，快樂才是意義。

真正的平庸，不是安分守己，而是隨波逐流。

總是錯認把實現夢想當作人生指標，其實有諸多成功的因素是自身無法控制的，希望若凌駕於此，失望便隨之而來。認清自己既非最特別的那位，也不是唯一的失敗者，就能夠學習放下，重新再走上另一條道路，理性地精算效益，與其夢想，不如計劃。

推石頭的人

躺在沙發看劇，盯著手機，
曾幾何時日子不借助外物就變得如此難捱？

像是希臘神話中的薛西弗斯，不斷推著石頭上山，翌日又滾了下來，沒有辦法真正成為永遠快樂的人，卻還是要抱持著這樣的想像，不然就要被虛無吞噬了，我懷著模稜兩可的生存意義，日復一日，徒勞無功。

活著為了什麼呢？即便「追求快樂」成為了人生目的，卻依然不時有種抵達不了的無力感，並非說生活充滿了愁雲慘霧，而是快樂的感覺倏忽即逝，遂只得一追再追，辛苦工作賺錢買快樂，再辛苦工作賺錢買快樂，生活看似安逸，卻陷入一種循環，深怕到死才能解脫。

作一個流行文化的編輯，每一日都在生產新穎商品的資訊，界定好的、美的標竿，儼然一個推銷員不斷叩敲著自己的門，大聲恐嚇著不能落後他人，可是門裡門外都是我自己。從來沒有想過喜歡的事物，有一天成為厭倦，唯有不斷消費，才能夠找回一點愉悅，在這種重蹈覆轍中迷失了，猶如被無形的線操控著，還錯認是自己作主，以為我選擇了最好的路，其實是路選擇了我。

人生如同一個沙鐘，漏斗是慾望，沙是快樂。直到慾望變成缺乏，快樂又淪為無趣，只好不停地來回翻轉，否則終點彷彿都會指向一個空，我便在這種困境裡成為機器般的存在。

難道追求快樂不對嗎？為什麼慾望和快樂到最後只有缺乏和無趣？和過往的一無所有相比，現在的我能擁有這麼多，應該要感到幸福吧？可是沒有，一定是我還缺少什麼，所以不斷費力地翻轉沙鐘，只是為了讓慾望隨時有被快樂填滿的假象，反倒誇大了缺乏的恐懼。

這就是癥結了，無論當下多麼地快樂，那終究都會過去，因為這就是人生的荒謬所在。沒有什麼會永恆不變，除了沙鐘必然成空，注定會迎來缺乏和無趣，原來那才是本質。就像無力違逆的巨獸尾隨身後，而我一心只感到煎熬，亟欲擺脫，日日獻上祭品，換取一種短暫的安穩。看似離苦得樂，其實是順應了這種宿命。

若要反抗，更該要直視這種缺乏的恐懼，改變看待巨獸的角度，放慢翻轉沙鐘的頻率，填滿不了就無需執著。面對缺乏和無趣，我太過習慣找尋新的娛樂刺激掩蓋，這個時代得到快樂的方式太便利了。發現自己一感到無聊或是焦慮的時候，就下意識拿出手機來看，幾乎是毫無目的地漫遊，我不知道自己找什麼，最後都是商品廣告、花邊趣聞找上了我，簡直是用奶嘴娛樂在麻痺空虛，甚至比香菸、藥物、酒等等成癮物更唾手可得。

所處的消費文明也推了自己一把，不單是提供食衣住行的保障，更在其上包裝了更多空洞的情感體驗，大量生產新品、大量創造購物刺激，我用填滿生理需求的方式獲得精神慰藉。開動前要先餵給鏡頭，拍照打卡上傳；明明買了一件上衣，又想再配一整套。慾望如無底洞，怎麼填都填不滿，即便獲得滿足，卻也一再付出了更多的代價。

認知到自己無聊，又開始打點下一個快樂的想像，與其說是要滿足慾望，不如說是填補一種好奇心，那就與是否真正快樂無關了，而只是投射「確認自己快樂」這件事，所以才會一而再、再而三地追逐想像，以為滿足了物質慾望，其實真正空虛的是心靈。

有時候我看著家裡的貓活得如此泰然，可以望著窗外一、兩個小時也不覺無聊，反觀自己每每說要廢一整天，什麼都不做，但結果都是躺在沙發，盯著手機，真要什麼都不做似乎又比做些什麼更難倒我，曾幾何時生活不借助外物就變得如此難捱？這令我想起某些宗教信仰所談的打坐、內觀和冥想，或許並非什麼神祕學，而是最基本、最單純地與自己相處。

我若是追求得愈少，或許就能夠擁有愈多免於誘惑的自由。

如此一來「追求快樂」成為人生目標肯定是錯誤的，假如整個社會都以此為中心，為了提供一時的歡愉，反而製造出比現在更多的垃圾。說到底，人在尋求意義這件事，為了證明與蟲魚鳥獸沒有不同，在大地眼中都是一種自大之舉。唯有看透生命的本質，回歸自然，節制慾望，才有可能從人的框架裡解脫，獲得真正的自由。

但並非完全指向禁慾主義，只是讓身體的空虛回歸基礎的滿足，精神的空虛回歸純粹的情感體驗。當然，在現今這個社會裡，情感體驗和物質消費並不容易區分得一清二楚，就像讀書也須買書，重點還是擺在適度與節制。每一個行動之前詰問自己，我是真的需要嗎？還是只是想要？

於是這也就脫離了效益主義式的價值判斷，原先的標準是計算得失總和的最大值，如今便轉換成快樂和痛苦都要適度，節制快樂就是節制痛苦。或許追根究柢，我想對消費主義提出一點反制，卻直覺以賺取最多利潤的思維去計算如何得到最多的幸福快樂，這本來就是一種自相矛盾，要不繼續成為被商業收編的一分子，要不繼續抱著模稜兩可的生存意義。

甚至說，單單談論商品的交易買賣，我都可能有衝動性購物，或是身陷思考上的誤區而導致虧損，那麼追求快樂這件事，無論自認思慮的過程多麼理智，加入了各種成本考量、對災難的風險迴避，它的結論還是可能出錯。

況且有些價值真的可以這樣功利量化嗎？比如說與人交往，我真的可以只依據對我有利才決定是否來往？良善只應該留給值得的人？這勢必有什麼和我們過去所學到的倫理價值有所衝突。

但是我也明白身處在這個資本社會，不可能完全迴避這種利益計算，若全盤推翻效益主義，就是全盤否定過去的自己。當我身處在最大的悲傷或無能感之中，轉而追求幸福快樂為人生意義，這顯然合情合理。一個人就要餓死，會先選擇給他吃頓大餐，還是會要求給他魚吃不如教他釣魚？答案當然是前者，只是後者也不可偏廢。也就是說，追求福祉僅僅是個階段性目標，當我知道快樂有其極限，就能夠知道節制的尺度，享樂主義要適得其所，效益主義也要因時制宜，找到中庸之道。

一路走到這裡，為人生意義加入了新的尺規，一樣可以成為快樂的人，但要節制；一樣能夠成為傑出的人，但要節制，甚至連意義這件念頭都要節制。正是因為認清本質，所以心裡有底，不該擔憂失去，不該貪圖飽滿，所有的苦樂都是流動的狀態，那就無關乎要計較得失了，而是去留都無妨。此時此刻，又是一個新版本的及時行樂，活在當下。

我想起在一座名不經傳的小島當兵，初來乍到之時，一個都市小孩難以適應，這裡人煙稀罕，沒有電影院，沒有音樂演出，甚至連便利商店都是奢求，每一天都感受到強烈的荒涼與孤獨感。

直到即將離開的那幾週，日子相對單純，工作結束後，一個人站兩小時哨。我就提著槍，什麼都不想，白天看芒草之海搖曳起舞，黃昏落日在海的盡頭吐出豔紅，夜裡是漫天星辰，月光在波面上鋪成一條銀色道路。霎時有一種想法閃過，反倒覺得這種生活好像不錯，突然能夠靜下心來欣賞自然之美，這是一種很難得的經驗。只是後來退伍，回到城市工作，自己又被五光十色的時尚潮流淹沒。

從前我不明白住在島上或鄉村的人，他們難道不會覺得窮極無聊嗎？現在的我也許是又老了一點，終於會懷念起那幾幕景色。我要開始練習放下，放下對幸福和寂寞的執念，放下窮追不捨的慾望，放下手機，正因為虛擬的體驗永遠無法取代真實的感受，我要更把心留在現實的人事物中。

如同卡繆筆下的薛西弗斯，終於不再執著要將巨石留在山頂，不再拘泥浪費的那些時間，而是專注在山間日光夜色的變化、岩塊剝落的每一粒沙。在日復一日的徒勞無功中找到樂趣，正視存在的荒謬，所有的意義就在剎那間。

厭世者求生指南

可以為了擺脫長期的悲傷而尋求最大的快樂，但絕非最終歸屬，否則就會陷入一追再追的循環，落入了消費主義的陷阱，這也正是人類社會與大自然衝突的原因。效益計算雖然簡單粗暴，但有其極限，唯有節制才是作回自己主人的關鍵，在苦樂之間保持平衡。

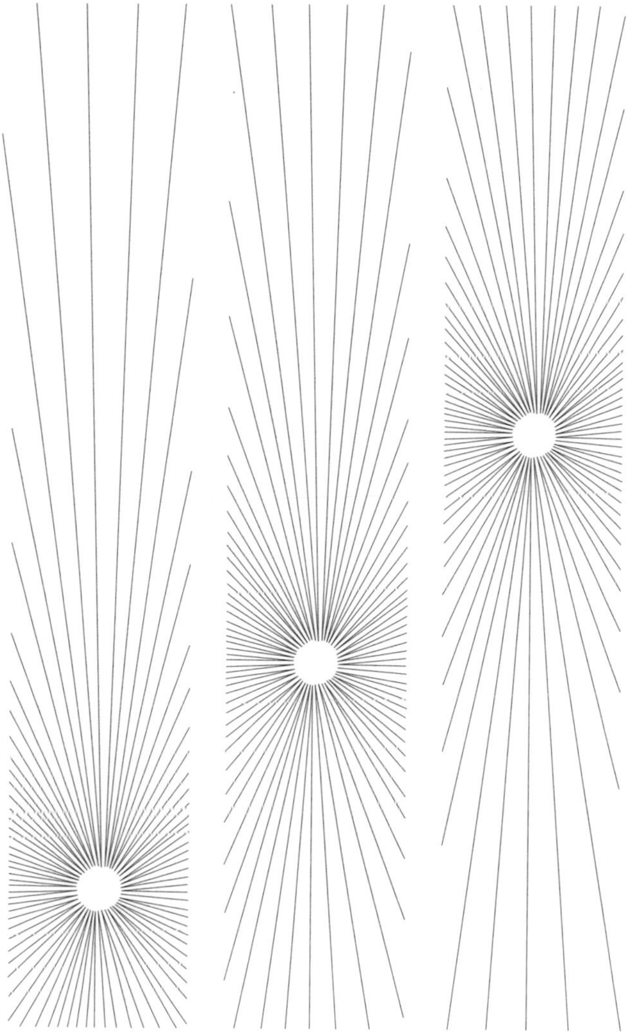

Vol.3
第三信條

說故事 的人

冉冉檢視了自己的青春，十年一覺，現在又來到人生的轉捩點。
如果按照傳統的人生規劃，我應該是該找個人好好結了婚，
背著房貸、車貸、孩子的學貸，就此三貸同堂，度過餘生。

這樣不好嗎？我真的不知道。

活著就是活著

我不敢想像自己衰老的樣子，但也不知道自己能留給世界什麼。
後來一些朋友很早就離開了世界，我才終於知道年輕的死會留下什麼。

年輕一點的時候，剛開始喜歡聽搖滾樂，從近現代一路聽回去，到六〇年代的烏茲塔克和嬉皮，很嚮往他們那種放蕩不羈、自由浪漫的態度，超脫樂團的寇特．科本、門戶樂團的吉姆．莫里森，當時恰巧又遇上艾美·懷絲過世，好像很厲害的人都活得快、死得早，我就一直覺得自己大概也會英年早逝吧？

傳奇人物似乎都死在二十七歲，對那個時候的我來說根本是遙遠的未來。可是後來我還是平平安安地迎接了二十八歲的生日，等到回過神來，一下子就三十歲了，其實哪會這麼簡單就翹辮子啊！結果我只有活得快，沒有死得早，真是失望透頂。搞了半天，原來我根本不是厲害的人。

然而還有很多年紀一大把仍然努力不輟的傳奇人物，我二十七歲那一年，大衛·鮑伊和李歐納·柯恩相繼過世，前者六十九歲，後者八十二歲，甚至在同一年，七十五歲的巴布·狄倫還得了諾貝爾文學獎，所以我就放棄了早早死掉。這是很不錯的想法吧？

年輕的時候思考生命的意義，總覺得出生既然並非自我選擇，至少人要可以擁有決定死亡的權利。自由、自主這類的詞彙，對年輕人來說十分具有魅力和吸引力。所以，也常想著死了也好，活著也罷，生命從來都是一個人來一個人去，最終誰都不能帶走什麼。

在那個對人生超級迷惘的階段會有那樣的思考，不能說它對，但也不能完全否定，就是一種過程。三十歲的我又經歷了一些，對於自由意志的看法早就不如以往。

我認同如果當時選擇自殺也是自己的決定，但現在不再認為這是效益計算後最好的結果，簡單地說這根本不是一種自我實現，無非是為了移除絕望而已。如果火災時一個人只能往下跳而不能待在原地，這是生命自主權嗎？我的最後決定是真的自由，還是僅僅沒有更好的選擇了？

自由、自主或某某論、某某主義等各種名詞，那時候更像是為引發痛苦的現狀提供安慰劑，卻沒有實質地賦予力量。當每一個知識詞彙被利用時，真的有實踐內涵與獨立思考嗎？還是彷彿戴上另一張面具，外在與內在依舊沒有調和？

我並非完全否定自主權，只是倘若行動僅僅是通往目的的手段，而非目的本身，在這樣的前提下不會真的快樂。延伸思考到其他的自主權，有沒有可能在某些情境下都是不由自主，單純只是一種索愛的過程？比如購物為了炫耀，上學為了求職，裸露為了人氣，性行為是為了感受陪伴，而不是真心享受當下的那些行為。

當然，快樂也應該不會是終極的目標，若是如此，那麼一切的人類發展都會走上錯誤的軌道。

假設認真觀察歷史上的傳奇人物，他們很少追求自身的幸福美滿，而是追求他們腦中的理想。他們的行動就僅是他們的目的，通常跟快樂沒什麼關係，附屬品反而多是痛苦。

不是為了變成偉大的人才去做那些事，而是他們想做的事就是他們想做的，如此才會變成偉大的人。

從前我也誤解，覺得要像二十七俱樂部裡的名人，趁年輕時候死掉就能夠被緬懷紀念。我不敢想像自己衰老的樣了，但也不知道自己能留給世界什麼。後來一些朋友很早就離開了世界，我才終於知道年輕的死會留下什麼，就是在乎你的人會留下悲傷。

活在當下吧，吃飯的時候專心吃飯，讀書的時候專心讀書，創作的時候專心創作，專心就是一心一意，不只是投入所有注意力，也別無其他意圖。吃飯僅為了填飽肚子，讀書僅為了吸收知識，創作僅為了具現靈感，把行動引導到為了令自己快樂或達成什麼成就顯得多餘了。我們太習慣了凡事要計算好處，把所有行為都化約成工具性價值，我想可能是因為我們自出生那一刻起，就被期待要成為一個「有用」的人的緣故。

我有一個朋友，他小時候在家庭裡有過一些不愉快的經驗，成年後也一直沒有辦法和創傷和解，但是他有一種驕傲的聰明，只不過沒有辦法掌控好情緒，自卑易生憤怒，最後搞得人際關係一直處理得不太好，屬於高智商低成就的那種資優生。

醫生告訴他關於人格障礙的病徵，所有的好說歹說他都聽不進去，這點他倒是深信不疑。他常常說著某一天應該會選擇自殺，自己可以不必受苦，家裡的人能鬆一口氣，醫生也表示不會反對，這樣對大家都好。

過去我也是這樣，把事情的所有細節攤開，然後衡量每一個選項的利害關係，只要總和起來，涉入其中的人都可以得到好處，最好是雙贏局面，以為如此就是能夠接受的結果。

但真的可以這樣計算嗎？會不會這種自認客觀的量化方式，其實也囿於經驗的匱乏？若以更長遠的時間來看，說不定是弊大於利？

甚至有些美德的價值是我們本來就不該，也無法量化的，例如誠實、尊嚴、良善。那無關個體，無關乎當事者自己覺得無所謂，而是身而為人本來就應該捍衛，不能拿來交換的核心價值。

二十幾歲的時候，朋友要是想結束自己的生命，我可能不會阻止，因為換作是自已，也不希望有人干涉，但如今的我絕對反對。這些道理剛踏入社會的我並不會這樣透徹，就是默默接受社會規則和價值觀，也是到現在我才明白，人說而立之後，不能再像年輕時那樣隨心所欲是什麼意思。

因為已經把人的存在當成為最大的目的，不因為不同的對象或行為的結果而擁有相對的價值。輕易以對社會的用處或好處來排除，那只能被稱之為工具。無論好人、壞人、男人、女人，既然是人都應受尊重，因為活著就是目的，不是手段。

如此，人便是宇宙間唯一具有絕對價值的事物。

厭世者求生指南

變得傑出或是追求快樂本來不該有問題，但錯在將其視為終點。把生活看成手段，規劃成一項項投資正是忽略了人之所以異於禽獸者，也在於美德，如此才不會沒用就不配為人，因為人性的價值不該被交換或取捨，活著的當下就是目的，不依結果而論。

應作如是觀

看到很多年輕人迷失在地獄哏裡，把網路的歧視笑話當作現實生活的燃料，毫不在意地夾雜在日常語彙中……但這樣真的是自由嗎？

成長的路上，總是學著要用科學和理性去面對迷信。我也認同人不該生來就要為了來世造福或贖先天的罪這些無法驗證的目的而活，而是出生之後才由自己決定本質。雖然這樣看似一個嚴格的無神論者，可是當我從莫衷一是的人生，漸漸推論出「離苦得樂」、「活在當下」、「節制慾望」種種價值觀，意外發現這些詞彙和我曾接觸過的宗教信條有所重合。雖然我總是懷疑傳統的一切，但肯定有某些真理是需要我回過頭來尋找，用以懷疑現代的一切。

我曾經歷過一種可怕的學習經驗，老師在教室黑板上一層一層的解題，跟著密密麻麻的公式專注地聽，在這個階段理解還算流暢，甚至可以預期下一個步驟。但考卷一發下來，只是題型或問法稍微變換一下，瞬時就全傻了。

腦海就像黑板，知識與經驗即如同一位位前輩先哲，揮灑著眼花撩亂的筆記，一位學者寫完他的論點，又被下一個賢人的思維擦拭覆蓋。如此塗塗抹抹，最後不是自己只能憑著含糊的印象，採取曖昧的態度過活；就是緊咬著唯一熟稔的知識技巧，死板地處理每一個難題。

起初我也是這樣，不只是雙重標準，根本是多重標準，然而不會察覺到自己變了，無非都認為做的是最對的選擇。也是在這趟梳理人生的旅程裡，像是將那片黑板的粉筆字跡全數擦除，循著前人的指引與事物的脈絡，獨力再重新推論一次，揚棄不合時宜的部分，即使最終版本可能未盡完善，但這過程和結果才能刻劃成自己的知識。

有時是思維透過閱讀而點亮，有時是我在閱讀時更印證了原先所想，不敢說自己完全準確地領悟了巨人們的哲思，但我確實從中收穫了諸多啟發，尤其是釋迦牟尼和伊曼努爾・康德。

提到釋迦牟尼，是不是就等於我要信佛了呢？其實我並不否定信仰，我對宗教的態度更偏近不可知論者。不是沒有神，也不是寧可信其有，只是這部分無法證實，暫且不提，就談論有意義的部分即可。

也就是探問，這個宗教將要引領我們建立什麼樣的道德倫理？

況且無論如何，人都是有信仰的，儘管許多科學論者都堅持眼見為憑，但如何保證自己並非由電腦程式組成，或是身處在虛擬夢境？交談時如何確定此刻的他和昨日是同一人？這些都非關理性的推斷，反正就是信了，不妨先深究其他實用的部分，否則就會卡在沒有定論的懷疑中，無法前進。

然而這不等於一切毋庸置疑，我反對的是未經質問論辯就將自身投入宗教中，那樣的人不僅容易淪為教條式的思考，更是一不小心就掉入邪教式的威權崇拜。在我的過往經驗裡，也經歷過許多祭祀儀式徒留形式不知本質，問過好幾個為什麼彷彿都不重要，只要求一代傳承一代，甚至有些事物與現代價值觀有所衝突，像是性別平等、環境保護，甚至燒紙錢也和已知的經濟學自相矛盾，那更像一種補償心理。這些是我過往和宗教保持距離的原因。

之所以提佛學和康德的學說，無非是他們為我現今抱持的節制思維擴充了更深的內涵。釋迦牟尼說：「所謂攝心為戒，因戒生定，因定發慧。」康德則主張行事不是為了避免懲罰，而是將美德歸為義務，在心裡建立規矩。這兩者都在闡述節制需仰賴自律，在心裡建立道德標準。

許多人聽到內建道德倫理就避之唯恐不及，一群人想到宗教、保守派用道德信條壓迫人權，另一群人想到自我審查，閹割言論自由，其實是誤解了自律的本質，道德只宜律己，不該用來戒人。佛家說目的在於清淨心，若老是用戒律的標準去控制外界，心就定不下來。至於康德會說，自我審查的戒律是外部施加給你的，來自於威權機構或獨裁者，而自律最重要的，是由自由意志給自己立法，所作所為既不為了避免執法機關的刑罰，也並非要滿足被公眾讚許的榮譽感，唯有如此，即使是私下場合或是自己一個人的時候也能夠持守本分。

近來看到很多年輕人迷失在地獄哏裡，他們把網路的歧視笑話當作現實生活的燃料，毫不在意地夾雜在日常語彙中，如果被批評，還會反過來指責對方缺乏幽默感，人生這麼苦應該學習怎麼笑一笑，把快樂看得比什麼都重要。我可以理解，因為年輕時的自己也是如此，習慣用外部的律條去衡量自己的舉止行為是否合宜。的確，歧視和仇恨言論又不犯法，那麼剩下都是個人自由。

但這樣真的是自由嗎？法律只是道德的底線，要是每個人都只照著最低標準行事，這個社會絕對不會進步，更何況法律都有可能出錯。對我來說，真正的地獄哏是透過反諷或荒謬手法來提醒人們反思現況，並非單純嘲弄那些處於困境的人，反而強化不平等的刻板印象。

見多識廣於是心裡有底，即使看到他人做壞事而活得爽快，會忿忿不平是由於正義心起，卻不會動搖讓自己同流合汙，因為已經不再以個人幸福為意圖，而是先問內在的道德倫理。自由，遂不再是想做什麼就做什麼，而是不該做什麼就能夠不做什麼。

一個自由人，透過知識的改造，在做人處事上加入一把尺規，不再是以苦樂總和作為行動依據，也不是合乎法律即可，而是他時時持有底線，不該貪戀的美色不貪，能不沉迷於娛樂就不迷。每一個選擇既能洞見可能的後果，卻也不為結果服務。當他不為歡愉而生，不為求生而愛，不為求愛而奮鬥，人的尊嚴就萌芽了。

不受慾望所役使，不讓感性主導理性，自律即是自由，一個人便成為自己的主人。

基督教會流行過一種運動稱作「如果是耶穌基督，會怎麼做？」並將之印在手環、徽章，甚至有人會刺青在身上。當然也有人批評，認為這不能解決許多現代社會問題。譬如「失戀，耶穌會怎麼做？」、「房價太高，耶穌會怎麼做？」、「獨裁政權不倒，耶穌會怎麼做？」這些問題都找不到絕對正確的參考答案，其實更像是先有立場再找經文來自圓其說，所謂「耶穌會怎麼做」就是變相的「我會怎麼做」，虛構了一個心目中的耶穌來支持自己的倫理標準。

其實我認同這個作法，那就像內觀心中那把尺規再決定行動，但我也認同，得到的這個方向可能不會是耶穌真正的作法。西方把神職人員稱為父親，就如同心理學的父性角色，為我們建立內在的秩序，但最終都是讓自己取代，成為自己的權威。因此無論道德標準是來自佛經、聖經，或者非關宗教的哲學學說，都要透過自己的敘事，活出一套倫理。

這也是《金剛經》所說的：「所謂佛法者，即非佛法。」

者生南
世
厭求指

什麼樣的美德是我們應該建立的？也許回過頭來從滋養我們的傳統上尋找，因為已有了理性判斷的知識，不再是照單全收或因趨吉避凶而行動，而是內化成生活尺規，思辨什麼是正當、應當，擺脫了慾望和感性干擾，自律才能夠成為自己的主人。

真實的你正慢慢消融不見

總把每個人都想成同一個方向，看見有人準備下山了，都以為他半途而廢，其實是我們本來就從不同的地方出發，走在不同的山徑上。

有些人過了二十七歲以後，就不再認識自己。

「不再認識自己」，這句話字面有兩個含義，一是不再去認識；二是不再認得。有趣的是，這兩個含義似乎有些因果關係。停止認識自己的結果，就是不再認得自己。

二十七歲也可能是別的數字，這只是個比喻。到了某個階段，人似乎就開始認命，自認為有了足夠的自知之明，不再對自己提問，僅僅就負責解答生活的種種疑難雜症，或者應付社會、家庭的種種壓力，努力過著合群的日子，畢竟作對的人太多，又何苦多自己一個。

差不多同年的朋友聊著，好像到了該買車的年紀。聽到這話我先是愣了一下，雖然自己也不是沒想過買車的可能，但聽到說在某個年紀就應該買車、買房、結婚、生子，還是覺得有什麼不對勁，就好像人生有個無形的舞臺指令：「燈光走，音樂走，你走，走去工作，去結婚，去買房子，去生孩子。△暗場——全劇終——」扮演著被寫好的故事而不自覺，這似乎成為了現代人的縮影。究竟是什麼造成我們的困境？

我一直以為人生而獨立，只有自己可以決定自己要成為什麼樣子，而誰都不容置喙。無論如何我們都是有選擇的，即使服從也是一種選擇，就算逃避也是另一種選擇，都有隨之而來的後果，一念天堂、一念地獄，皆是自由意志，皆要咎由自取。

然而人畢竟是合作的動物，不像魚蝦孵化後就自生自滅，沒有誰可以脫離家庭、社會而活，這些都是出生之前就存在的，宛如身在山徑，以為在大自然之中來去自如，沒什麼比這更能象徵自由，但其實我們都走在前人已經開闢好的道路上。

「這個年紀要再找工作太難了」、「要再重新習慣另一個人太累了」、「要再去想人生的意義太無聊了」，然後一生就這樣得過且過，就像小學畢業理所當然上國中，國中讀完念高中，高中後考大學，照著一個一個里程碑走既有安全感，也不浪費力氣，正因為這路早就鋪好在我們的眼前，而且已經有許多身影走在前頭。

如果當年我高中畢業時，家人告訴我不一定要急著上大學，可以學歐美的年輕人，先去出國打工遊學，過個壯遊的一年，或許就能有不一樣的眼界。可是要去挑戰這些世俗制度不只要有勇氣，更要有許多實質的支持，重點還必須先花費一番精力去思考，如果沒有認知到「為什麼」和「別的可能」，路永遠只在眼前。

我過去常在想，為什麼男人一定要成家立業？一定要傳宗接代？生活的必須不就是食物、空氣和水，然而我往往要追求的比我實際需要的還多，如果我不用擔憂這麼多來自未來的經濟壓力，或許我就有更多力氣去周全其他的成長。

那女人呢？為什麼她們不用服兵役？不用競爭社會地位？好像只需要拚命消費包裝自己，然後就可以雙手一攤，將人生的責任完全託付給伴侶？後來才讀到西蒙．波娃在《第二性》中的一段：「男人的極大幸運在於不論在成年還是小時候，他必須踏上一條極為艱苦的道路，不過這是一條最可靠的道路；女人的不幸則在於被幾乎不可抗拒的誘惑包圍著，她不被要求奮發向上，只被鼓勵滑下去到達極樂。當她發覺自己被海市蜃樓愚弄時通常為時太晚，她的力量在失敗的冒險中已被耗盡。」

也就是說，社會對男孩的教育更接近這世界的真相：你只要有慾望，想變得更出眾，一定會苦。可是當一個女孩大學畢業，想往更好的地方發展，家人一般會說：「何必呢？一個女孩子把自己搞得這麼苦，找一個穩定的工作，把自己嫁一個好人家，不好嗎？」而男孩，家人會說：「就應該出去闖闖，吃得苦中苦，方為人上人。」

其實都苦，只是苦的內容不一樣，女孩苦家庭，男孩苦社會，前者更陷入一種無力的處境：別人都不覺得她苦，只是帶帶孩子、做做家務而已，有什麼好苦的？一切看似更簡單的捷徑，原來早就標好了價格，即便有些女孩依然享受這種輕鬆愉悅，但有朝一日，女性作為一個整體，仍須以更加高昂的代價來償還。

我的問題就在於總把每個人都想成同一個方向，看見有人準備下山了，都以為他半途而廢，其實是我們本來就從不同的地方出發，走在不同的山徑上，多因多果才織成了結構。

可是這樣聽起來有點悲觀，本以為人擺脫了宗教賦予的終極使命，不需要還前世的債，造來世的福，可以自由自主創造人生的本質。而此刻發現結構先於存在，路的起點與終點在我們踏上之前就已經決定，彷彿又落入宿命之中。

這麼想好了，身在山徑，知道腳下這一條石頭鋪好的步道通往頂峰，突然有個直覺，路的盡頭並非自己的目的地。這讓我停下來，但走過的路就是走過了，回頭看也不能改變什麼，唯有下一步是還沒實現的，我帶著懷疑且戰且走，直到發現樹林裡有一條荒煙蔓草的小徑。

當然可以選擇繼續走那條前人砌好的康莊大道，可我就得從此背著未行之路的遺憾；我也依然可以走上那條小徑，勇敢地面臨各種阻力，以及對於未知的擔憂。

所以，大概也會有不少人認為以上都是胡說八道，按部就班地活，過得很幸福，這有什麼好懷疑的？且慢，讓我們回到最開始，我說的是認識自己，並不是指每個人都要去挑戰大風大浪，而是不把「幸福的定義」只看作唯一，不逃避對自己提問「買車買房我是需要還是想要？」、「我對婚姻的價值觀是什麼？」、「我現在的生活知道自己在做什麼嗎？」等。若都想透了，成為社會所期待的樣子也就無錯可言，畢竟人生沒有什麼好比較的，它只對個人重要。

還是必須先花費一番精力去思考，如果沒有認知到「為什麼」和「別的可能」，路永遠只在眼前。要跳出自我中心，從書中的知識、別人的經驗裡學習，這過程一定是辛苦的，但唯有如此，才能好好問自己，那真的是自己想要成為的人嗎？還是只是沒有看到其他選擇？

舉個思路改變的例子，我曾經認為整形不對，用人造的虛假面貌就是欺騙！可是後來，我開始懂得尊重每個人的自主權，人可以自己決定自己的樣子，遂為曾經諷刺過整形這件事致歉。然而現在再度推翻了自己，其實是我忽略了主流審美觀對人的壓迫，讓我們對先天的自己產生厭惡，但要反對的不再是選擇整形的人，而是整形這件事背後的結構。

冉冉檢視了自己的青春，十年一覺，現在又來到人生的轉捩點，飄移不停、舉棋不定。如果按照傳統的人生規劃，我應該是該找個人好好結了婚，找個穩定的工作就定下來了，為了家庭買輛車、買間房，背著房貸、車貸、孩子的學貸，就此三貸同堂，度過餘生。

這樣不好嗎？我真的不知道，儘管不去聽那些「為你好」的苦勸，自我懷疑的聲音也不曾停止過，至少每一次對自己提問都是好的，或許終究還是不清楚自己要活成什麼樣的人生，但我知道什麼樣的人是我不願意成為的。

雖然總是懷疑傳統，但或許有天認識自己更多，又不會這樣想了。人嘛，我們跟猴子沒差多少，人說看著孩子成長就像看著年幼時的自己，說不定等到我真正結了婚、有了小孩，就覺得成家立業，傳宗接代，一輩子已經功德圓滿了。

厭世者求生指南

人不是物品，因此不為特定目的所造，但出生後仍落入已成的文化結構內，社會在每個人面前鋪好了一條阻力最小的道路，因此我們想成為的樣子並非全出於己願，但也唯有意識到我們是有選擇的，願意走上比較辛苦一點的路，才有可能到達最想去的地方。

⊕ 文章標題借用自英國樂團電臺司令（Radiohead）的歌曲〈High And Dry〉，其歌詞寫道：「You'd kill yourself for recognition／Kill yourself to never ever stop／You broke another mirror／You're turning into something you are not」（為了別人的認同，你扼殺了自己，漫無止盡地殺死自己。你打破了另一面鏡子，真實的你正慢慢消融不見）

旅行的意義

出社會後變得害怕和自己相處，
我想或多或少是被社群氛圍所影響。

不知不覺離開熟悉的職場位置已經一陣子了，那時對於整個社會環境、勞資生態的憤怒已經漸漸冷卻，一開始化悲憤為力量，每天都把自己逼得很緊，一方面覺得時間緊迫，不成功便成仁；另一方面也是知道自己的個性，如果沒有被打卡逼著規律上下班，肯定是不斷被瑣事分心。雖然到現在不能說一事無成，時常還是覺得很焦慮。

要是放慢腦袋想想，我已經完成了人生清單裡的許多項目，都是這幾年來時時惦念著，但始終沒有動身抵達的目的地。像是回到當兵的小島，以及睽違十年後再次一個人摩托車環島。大概都像是在玩，就覺得在放縱自我，其實是我還沒辦法脫下功利主義的有色眼鏡。

從那之後最大的改變，就是多了不少一個人旅行的次數。後來還出國去了日本東京、瀨戶內海藝術祭，現在幾乎是獨來獨往到成自然。每次出國都有人問我：「自己去喔？」才驚覺這有什麼不對勁嗎？

於是我開始追溯自己是從什麼時候變得比較敢一個人踏出去，最初應該是在上間公司的尾聲，那時期每天都感受到上班的氣氛很不對勁，明明才踏入辦公室，卻彷彿被無以名狀的低氣壓籠罩。某次我與上級長官爭執，回到座位的當下立刻就訂了車票、旅宿，隔天獨自衝去花蓮，沒有任何計劃，就是放空，也下定決心要辭職走人。只是收假回來，公司恰好出了一些公關危機，果不其然沒過多久，老闆順勢開除所有員工，就轉手賣掉了。

大學時期本就有一、兩次獨自成行的經歷，有了社會歷練後反倒不敢，持守著奇怪的自尊心。因此花蓮這一趟旅行之所以重要，對我來說就像是重新找回來這種透過和自己對話，整理人生的感覺。那更像是怕水的人遇到船難，在沉船之前奮力一跳。從此以後，每當撞上糾成一團的人生關卡，下意識就覺得自己應該要出發了，這儼然成為唯一的出口，不用特別計劃什麼，散步就是散心，走著走著就想通了很多事情。

出社會後變得害怕和自己相處，我想或多或少是被社群氛圍所影響，因為有了比較的對象，總覺得旅行就是要一群人歡歡樂樂、拍個美照，一個人出遊就怕他人誤會孤單，但要是不上傳一些照片動態或心得紀錄，自己、此時此刻、這趟旅行就彷彿有去跟沒去一樣。其實怎麼會不存在呢？無非是一再落入做什麼事都要有價值、要有用處的窠臼之中。

追根究柢，也是我給自己太多藉口，比如工作太忙沒時間、沒錢、找不到適合的旅伴，或是只想要留給愛人一起經歷。有了經濟基礎、吃穿不愁的我，總是期待能夠擁有另一個可以分享日常的樂趣、分擔生活的焦慮的人，然而最終這些希望往往都成為一種落空，然後誤以為是某一個人讓自己失望，用情緒勒索對方，但說起來其實都是自己給自己的。

如今我已經了解這種疼痛的感覺叫做一廂情願，如果不曾承諾，沒有人有義務要履行這些他者任性加諸於自己身上的目標。這很合理吧？但無論是在戀愛中，或者正在單身，還是時常看見人們把自己的幸福設定為必須要依靠另一個人才能完成。成功的關鍵若取決於無法掌控的他者，無論多麼努力都和自己無關，那麼我這個主體就消失了。又無論對方是否還在或有天離開了，對雙方來說都是滿悲哀的一件事。

忘記是哪裡看到的話，大意是當悲劇發生了，即便真的是對方的過錯，但以為把癥結都歸咎於他，自己就能活得更幸福、更快樂或更好，結果沒有。儘管重修舊好，現狀也不可能回到最當初的乾淨無瑕，因為那個人真正想要的是改變過去，但發生的事就已經發生了。甚至有的時候，這些道理明明自己都知道，卻還是一再追逐著夢幻泡影，靠得愈近才發現那是一場自我編織的海市蜃樓。

大多時候我們都知道檢討受害者是不可取的行為，可是，受害者本身真的就完全沒有責任嗎？讓我把話說得更清楚點，一味地責怪別人固然可以讓自己好過一點，可是常常忘記過好自己的人生永遠是自己的責任。「我會變成這樣都是你害的！」一個人不愛自己，卻一直望著別人有沒有在看自己，那正是誤解了一切問題只是被愛而已。

求愛未果，由愛生恨，一個男子不甘成為工具人，遂遷怒在女方身上，各種羞辱甚至具體的攻擊，人生中有太多的暴力都來自這種虛偽的奉獻，總覺得有所付出就要有所回報，那多像功利社會的交易思維，其實都是自私地投射了自己的期許在別人身上，一旦現實落空，慾望超過自己所能控制的，痛苦便隨之而來。

無法為自己負責的人，反而會以權威的姿態，要求他人接受指令，要是不如己意，又會把情緒發洩在不服從的人身上，把責任推給責怪。

在我搬離家、姊姊又結婚移居到香港後，我時常想著我媽，希望她也能在我不在時活得快樂，不要只把快樂建築在我身上。我不是不願意成為她的支柱，只是我連自己的都還找不到，我怕沒有辦法給她應得的，而自己已經一點也不剩，希望我能夠先處理好自己的情緒後，再來承擔她的。

現代社會的問題之一，就是抽掉了家族本位，專注回個體身上，許多父母卻在這個傳統和現代過渡之中迷失，無法適應孩子的離巢期，一時找不到生活重心；又或是長輩們總認為養兒防老，他們辛苦栽培孩子一生，卻把要求他們回報錯認成索愛的手段，反過來又讓孩子誤以為自己活著，只是父母為了他們日後的保障，像買一份保險一樣。

這些問題心理本質是一樣的，皆是自作主張地將未來的風景先畫上了他人的身影，等到此人不在其中，遂覺得自己被辜負了、委屈了，既沒有站在對方的立場，最後也把自己也搞丟了。然而卻也不能全把問題都推到個人身上，正是因為他們所處的權力結構從沒有教導他們可以有別的做法。

我已經不再把自己對夢想的重量託付在他人身上，想去的地方就算一個人抵達也要出發。同樣地，我也一直鼓勵母親去發展更多的技藝，去從事更有成就感的活動，就像小時候她放手讓我學習走路，成年後讓我學會走自己的路一樣。

現在的自己擁有很多獨處的空間、能夠自由分配的時間，雖然走在一個人的路上充滿著懷疑，沒有人會告訴我這麼做是好是壞，這樣走是對是錯，但我也只能勇敢地繼續走下去，因為每個人都只能做個人的選擇，我的人生也只對我自己負責；與其依賴另一個人而活，不如多一點自我實現。

遠行家裡才會發現家的可貴，走出城市才會想起當初走進來的原因，離開那些熟識的人群，才會知道有哪些是我該珍惜。

厭世者求生指南

一個人如果沒有辦法忍受和自己相處，那麼他也只是借助他者作為自己逃避無趣的擋箭牌，當對方不如自己所願，便時時處於被拋下的惴惴不安之中。不隨意施加責任在別人身上，才能夠換取一個心靈平靜的生活。

⊕文章標題借用自臺灣歌手陳綺貞的歌曲〈旅行的意義〉。

合作、反抗、分享

我們太習慣競爭了，總以為社會就是零和遊戲，女人贏男人就會輸，左派錯了右派就是對的。

「愛人之前要先學會愛自己。不要失去之後才後悔沒有珍惜。」

這些話相信老生常談了，道理都懂，我也認同。只是常常在想，就具體而言到底要怎麼做？什麼樣的行動才算足夠珍惜？要到什麼程度才稱作愛自己？學會珍惜就不會後悔了嗎？我在愛人的同時難道沒有愛自己？

為什麼不斷要被這些話提醒，我想也許是因為——無論我們如何強調珍惜或是愛自己，依然會對失去感到悔恨。但我們害怕一個沒有答案的問題，在下次失去之前，先給自己一個暫時歸咎的地方，像是安慰劑一般。

正是做不好也做不到，卻又希望被人肯定，所以當有一個過來人這麼對我們說的時候，突然覺得被理解了、被安慰了，那無關理性判斷，而是躍入一種盲目的信仰。可樂好喝，但沒什麼營養，因為把苦的地方全部挖掉了；不需追溯源頭，沒有對結構的批判，更缺乏具體的實踐，只剩下空洞的口號，充斥在各種勵志雞湯語錄或作品中，儼然罐頭工廠式的廉價產出，問題其實沒有解決，因此需求從來沒有被滿足，才會一讀再讀，一出再出。

當然，要是快渴死，一杯可樂都成必須，但一切只是過程，卻往往錯認成終點。在這個資訊碎片化的時代，習慣了只想求速成，也可以說順應從小的填鴨教育，文學用背誦的，九九乘法也用背誦的，連公民道德都仰賴背誦，我們遇到問題自然也直接忽略思考，只講求答案。

用幾句話就能解答，事情如果真的那麼簡單就好了，五萬多字遂成贅言冗文，就像函數公式，用看的都覺得正確，卻不知道從何而來，離開學校遂將全數忘記，如果沒有在日常實踐，一切淪為空談。

很多時候我們想要的都是別人，卻沒想過要自己變成這樣的人。希望若取決於無法掌控的他者，痛苦便隨之而來。要改變，就要先從自己做起，最重要的是在日常中實踐，自我的修為之外，最終還要能夠融入社會。

對我來說，節制是很重要的，然而節制只是取最少的部分，也就是不完全否定過去的經驗。我依然可以追求傑出，可以計算得失，但只是因時制宜，因為一個人若不表現出上進心，徹底不在乎外界的眼光，虧欠他人也自覺不愧於心，肯定無法與社會其他人共處泰然。

畢竟不是過著如苦行僧般的出世生活，只是節制與人交往，用足夠的獨處生活換來更多心靈平靜的境地，常聽人說人際關係也需要斷捨離，我想是同樣道理。

以為自己應該要有的人脈是頂尖大學的同儕、職場的高端分子，或者名人、藝術家。但其實我真正需要的人脈是一群不會否定自己的朋友，一個能提醒錯誤且互相成長的伴侶，一個要我們幸福、允許不努力的家，以及一隻貓。

社會就是各式各樣人際關係的總集合，基礎就在於人們共同生活，無論我多麼獨來獨往，離群索居，依然脫離不了任何一層關係，因此要實踐，就不能逃避這三個面向：合作、反抗與分享。

我們太習慣競爭了，總以為社會就是零和遊戲，女人贏男人就會輸，左派錯了右派就是對的，或者反之亦然，但社會應該是要合作的，以合作取代競爭的立場。

一直相信要改善社會唯一的方法是製造對話，而非製造對立。溝通才有辦法影響信念，然而卻只要任一方帶著敵意，認定對方想方設法地要占便宜，就會變成所有的人都在說，卻沒有人在聽。雙方若是好好坐下來談話，分享彼此的角度和想法，或許會發現沒有人是真的壞人，而其實有共同的敵人，本來就可以是場雙贏局面。

合作的基礎在於平等，舉例來說，一段婚姻中丈夫收入多，就認為自己高人一等，這就絕非健康的合作關係，只是一方支配，另一方服從罷了。丈夫必要認清承擔經濟不過是家庭生活中的一種分工，妻子也有她應盡的責任，兩人皆是家庭的共同管理者。合作需要節制對自身的注意力，時時刻刻想著自己的合作對象。

合作也是為了反抗，並非針對個人，而是不屈於權力結構的態度。每個人的成長經驗和生命背景都不盡相同，作為合作關係，相互溝通幫助成長是首要的，例如妻子要能夠傳達自己的處境，也要傾聽丈夫的動機，提出合理的訴求，這即是反抗的第一步，作為集體，共同去反抗不公。

倘若丈夫依然拒絕承認不平等，甚至連對話的空間都否決，那麼重要的其實是作為妻子的自身態度，並不是鼓勵毅然決然乾脆離婚，反而要節制義憤填膺式的反擊，不能任由情緒主導，要記得反抗不是針對個人，而是不臣服權力結構。如卡繆的思考：「如果了解荒謬，任其宰制，不去反抗，又會是什麼樣的荒謬？」每一場偉大的革命，不見得都要轟轟烈烈的結束，但或許是先從微小的不合作開始。

最後是分享，這是最寶貴的面向。一個節制的人並非是吝嗇的小氣鬼，其實正好反過來，由於需要的很少，才能夠多分享給他人。如丈夫與妻子共同享用經濟成果，因為一家人就是自己人，不用分那麼細，甚至一層一層推己及人，分享給親人、手足、朋友，甚至愛你的鄰人，如愛自己。

這並非不可能，其實這個道理我們很久以前就知道了，在我童年記憶裡，爺爺奶奶輩的家鄉，村落裡的每個人都是自己人，共同制定生活規範，對彼此也都有義務與關懷，並且相互扶持，不僅建立了社群的認同感及歸屬感，也是個人道德的起點。

這個時代的問題從來不是生產力不足，而是分配不均，唯有把整個社會都當作自己人，好的，我們分享；壞的，也不排除在外；有人犯錯，仍當家人般看待，願意一同承擔責任，期待他改正歸來，如此，一個節制的人既是最慷慨的人，一個節制的民族就是最慷慨的民族。

人生最大的幸福在於和對的人分享自己的美麗與哀愁，分享才能使幸福成真。

厭世者求生指南

即使與孤獨處之泰然，人仍然無法脫離社會而活。合作正是人際關係的開端，基礎來自平等，不能處在某種支配關係下，有了合作就能共同反抗體制，互相成長，最後視為自己人一樣分享。節制不是吝嗇，反是需要得少，能給的就多了，因為快樂唯有分享時才能成真。

光透進來的契機

死亡到底是什麼呢？
即使這些好人在旅程中就猝然離了站，他們走過的路都不會成為白費。

搬到新家之後，房間的窗戶從過去住所的一面變成四面環繞，本想感受城市光線的變化，實際入住後卻發現早晨的陽光灑在臉上，明明整個人還耽溺在夢中，突然毫不情願地就被喚醒了，拖著疲倦的神情無法再次安眠，一整天都很煩躁。後來即便換成了完全遮光的窗簾，晨曦依然會像藤蔓一樣沿著隙縫爬進來，暈開昏暗的室內。

有時候我早早醒來，朦朧中看見那畫面，多像一個神聖的象徵，突然意識到，因為睡不好遷怒於太陽的我，其實是過於習慣了黑暗。說不定，真正要改變的是我自己。

這一年來特別動盪，許多名人意想不到地接連辭世，可能是因為出名吧，放大了對死亡的震撼，但於此同時，由於疫病而離開的人儼然只是一串不斷跳動的統計數字。

孔子說：「未知生，焉知死。」意思是活著這件事尚未透徹，怎麼能去思索死後的世界。以前念書沒有什麼感觸，現在我突然可以理解學生子路詢問「什麼是死？」的動機，和孔子為什麼這樣回答，就是因為遇見了生命倏忽即逝，才會引人思索活著的意義。

死亡到底是什麼呢？年中一位朋友，才見面閒聊近況，幾天後卻在溪邊意外溺斃，這種感覺就像做了一場夢，我們一邊併肩走著，一邊嘻嘻笑笑，忽然他就停下腳步說不過去了，我醒來，他卻留在夢中。

還那麼年輕，未達而立不經世事，就這樣子匆匆地來這世界走一遭，究竟為了什麼？我也有過幾位朋友，在人生剛啟程的階段就離開了，起初我當然悲傷，可是地球依然轉動，數千個日子後，生活故我，世界也彷彿他們不曾來過。總覺得在人生的意義之上還有一個更大的存在，時間的限制。

XXXX

我曾經以為要成為那些出眾的名人一般，即使離世也能夠被許多人記得，年復一年。唯有如此，走過的腳印才能夠繼續流傳。

我曾經以為人生苦短，如果死亡是我們無法預期又不可避免的終點，那麼這場旅程至少要活得痛快。只有這樣，離開的那一天才不至於感到遺憾。

我曾經以為要正視生命的本質就是虛無，我們與蟲魚鳥獸沒有不同。唯有接近自然、節制慾望，才有可能從人的枷鎖中解脫，獲得真正的自由。

可是這一年來見證了這麼多的死亡，呈現在眼前的並不是空無一物，我們為有些人嘆息，卻對有些人不足惜，於是了解成名不是一切，但不值得被紀念一定有原因。我們之所以緬懷這些死去的人，也並非由於他們追求幸福快樂，而往往是他們投入畢生在辛苦奮鬥，又將幸福的成果帶給眾人。

追根究柢，我每次詰問人生的意義，總是與價值、意圖混為一談，其實都是很大一場誤會。人生真正的意義原來在於內容，重點即是一個人要說好什麼故事，也正因為如此，即使這些好人在旅程中就猝然離了站，他們走過的路都不會成為白費。

掌握到這個樞紐，我發覺人類的一切都和敘事有關。古時候的人被賦予了神話、宗教，才能在漂泊無依的宇宙獲得重心，踏實生活。現代人因為科學理性與個體本位，抽掉了信仰中深遠的敘事，雖然生活前所未見的富饒，重心卻瞬間蕩然無存，因此也陷入前所未見的茫然，於是拚命從別的地方尋找故事。有一群人找到超人學說，另一群人找到階級鬥爭，前者即是納粹，後者則為共產主義陣營，可是這兩者本身的故事並不好或者沒說好，都失敗了，還剩下最後一群人緊握著資本主義，他們發覺必須要加入敘事，用各種激情、浪漫、奮鬥的情感去包裝，消費主義遂成為了現代人的新神話。可是物質文明蓬勃發展，精神依然不時空虛，直到現今，網路社群時代興起，何嘗不是瑣碎的敘事所填補而成呢？

回過頭來，我所談論的人類歷史也不過是其中一種版本的故事，也許在地球一角，那裡的人依舊浸淫在神靈儀式中，或許找到了比消費主義更好的答案，只因為敘事不在我們的面前，時間便不存在。

換個角度說，唯一能夠證明曾經有那麼一段時間，自己來過這個世界，就必須要在人們面前說好自己的故事，再由他們說給別人聽。正如詩人顧城所說：「人可生如蟻而美如神。」我想他指的不是美若天仙，而是德性之美才能夠如神永恆。

這也是為什麼我開始整理自己的人生。

一路從兒時，念中學，考上大學，當兵到出社會，正是這些過去組成了現在的我，雖然過去某幾個時期籠罩著苦悶的氣壓，但當我終於可以用新的角度去審視，才會發現一切人生都是值得，自己儼然成為這本故事的主角，能夠主宰敘述的走向。

當我決定說好自己的故事，不只是有了新的目的地，也是舊經驗引導著我，在心裡成為一種戒律，提醒我走錯的路不能再走，終點的遠近也不重要了，現正當下就背負著使命。

我的生命故事，同時也會是我的父母、手足、朋友、工作夥伴以及伴侶生命故事的其中一篇章，反之亦然。所以我的歷史不只屬於我個人，也包含我在內的整個社群，正是這些版本組成了我存在的時間，也由於我才證明父母、手足、朋友、伴侶他們的存在，甚至溯及更遠，父母的父母到我的祖先，彷彿個人故事只是宏大敘事的一小章節，卻可以延續他們存在的意義。是的，我們要背負著這樣的責任。

所以，我不僅在寫自己的故事，也正是寫下臺灣人的故事，同時亦是一個閩南與客家人後代的故事，一個異性戀男性的故事。在我走過之前鋪成的路也是屬於我的一部分，無論是好是壞，我要背負起這樣的責任，修好它，讓後來的人好好走過。

如此一來，傳宗接代就變得不再只是猿人般的任務，不只是為了保存生物基因那麼虛無，而是能夠把自己的故事、父母的故事、祖先的故事說給他們聽，讓他們知道自己是誰，從哪裡來，接下來又要往哪裡去。

我曾經也想過，要是自己不幸在家告別世界，獨居、無業的我不知道第幾天才會被發現。屆時我的貓也許已經餓得受不了，嚙咬我的身體，請不要責備牠們，牠們也經歷了很可怕的事情。

然而現在我已經不再如過往那樣蒼白無力，夜裡的一切變得澄明，不再為無能達成的未來或錯失的過去感到憂慮，直到有一天我終於好好地安心沉睡。從明天起，做一個幸福的人。

最終，借用哲學家維根斯坦的那句話：「告訴他們，我度過了美好的一生。」

者生南
世
厭求指

心理的刻劃決定了你是誰，社會的再塑傳遞了你從哪裡來，知識的改造才能告訴你要往哪裡去，也許這就是人生的意義所在。那麼換你了，你想要如何決定自己的樣子？怎麼說好自己的故事？就從現在開始。

國家圖書館出版品預行編目 (CIP) 資料

厭世者求生指南：我們終將在不同的路上，不再強求誰的目光 / 李豪著 . -- 初版 . -- 臺北市 : 遠流 , 2020.11
面； 公分
ISBN 978-957-32-8891-6(平裝)
1. 人生哲學 2. 自我實現

191.9 109015493

厭世者 求生指南

我們終將 在 不同的路上
不再強求 誰 的目光

作者——李豪

資深編輯——陳嬿守
主編——林孜懃
美術設計——王瓊瑤
行銷企劃——鍾曼靈
出版一部總編輯暨總監——王明雪

發行人——王榮文
出版發行——遠流出版事業股份有限公司
地址——100 臺北市南昌路 2 段 81 號 6 樓
電話——02-2392-6899
傳真——02-2392-6658
郵撥——0189456-1
著作權顧問——蕭雄淋律師

2020 年 11 月 1 日初版一刷
定價——新台幣 350 元
（缺頁或破損的書，請寄回更換）

ISBN —— 978-957-32-8891-6

遠流博識網
http://www.ylib.com
E-mail: ylib@ylib.com
遠流粉絲團
https://www.facebook.com/ylibfans